天津科技型企业营商法治环境优化研究

罗冠男 / 著

中国纺织出版社有限公司

内 容 提 要

本书从科技领域法治化营商环境的基本概念入手，调查并研究了天津科技领域法治化营商环境的现状及问题，对比了国外与国内的环境建设情况，以及国内的北京、上海、广州三地科技领域法治化营商环境，总结经典的个案经验，最后给出天津市科技领域法治化营商环境的优化路径。

本书可作为法律相关专业师生的参考书，也可作为从事营商环境法治化研究人员的参考资料。

图书在版编目（CIP）数据

天津科技型企业营商法治环境优化研究 / 罗冠男著. 北京：中国纺织出版社有限公司，2024. 8. -- ISBN 978-7-5229-2036-8

Ⅰ. D927. 212. 294. 4

中国国家版本馆 CIP 数据核字第 202492W8T2 号

责任编辑：朱利锋　　责任校对：高　涵　　责任印制：王艳丽

中国纺织出版社有限公司出版发行
地址：北京市朝阳区百子湾东里A407号楼　邮政编码：100124
销售电话：010—67004422　传真：010—87155801
http://www.c-textilep.com
中国纺织出版社天猫旗舰店
官方微博http://weibo.com/2119887771
天津千鹤文化传播有限公司印刷　各地新华书店经销
2024年8月第1版第1次印刷
开本：710×1000　1/16　印张：9.5
字数：125千字　定价：72.00元

凡购本书，如有缺页、倒页、脱页，由本社图书营销中心调换

前　言

新质生产力的发展有赖于科技创新。科技型企业作为科技创新的主体，需要良好的营商环境保障，成为创新驱动发展的主力军。法治化是营商环境的重要维度。营商法治环境建设成为新时代的重要任务。习近平总书记指出，法治是最好的营商环境。营商环境的建设没有最好，只有更好。正因此，天津科技型企业营商法治环境的建设需要不断探索和深化。

本书首先明确营商法治环境的含义，把它看作是营商立法环境、营商司法环境、营商执法环境、营商守法环境构成的有机体系，并通过实证研究，描述天津市科技领域营商法治环境的建设现状及问题。然后，以国际和国内比较的视角，对英国、美国、日本，以及国内的北京、上海、广州等典型建设经验进行梳理和总结，归纳出若干值得借鉴的做法。最后，对照天津市营商法治环境建设的目标，从立法、司法、执法、守法四个角度阐述优化营商环境的思路。

在走访调研和撰写成稿过程中，相关部门及企业给予了很多支持，耐心地回答作者的问题，并提出诸多建议，在此表示诚挚的感谢。同时，他山之石，可以攻玉。在比较研究过程中，本书的写作也从其他从事营商法治环境建设的理论专家和实务部门的既有工作中获得了很大帮助，在此对这些关心营商环境建设的同道表示衷心的感谢。还要感谢协助本书撰写的硕士研究生们，他们在资料收集、材料分析、校对修订等方面提供了有益的帮助。

科技型企业营商法治环境的优化是与时俱进的理论课题和实践问题。本书参考大量文献和资料，已经一一列明，如有遗漏，还请包涵。限于作者经验和水平，本书有诸多不成熟之处，恳请专家和读者不吝指正。

罗冠男

2024 年 5 月

目　录

第1章　绪论 ·· 1
　1.1　研究背景和意义 ·· 1
　1.2　前期研究基础 ·· 1
　1.3　研究范围和目标 ·· 5

第2章　科技领域法治化营商环境的内涵、构成和功能 ············ 6
　2.1　科技领域法治化营商环境的核心内涵 ····························· 6
　2.2　科技领域法治化营商环境的构成要素 ····························· 9
　2.3　科技领域法治化营商环境的功能价值 ··························· 11

第3章　国家科技领域法治化营商环境的现状 ························· 13
　3.1　立法环境建设现状 ··· 13
　3.2　司法环境建设现状 ··· 17
　3.3　行政环境建设现状 ··· 20
　3.4　守法环境建设现状 ··· 24

第4章　天津市科技领域法治化营商环境的现状和问题 ··········· 26
　4.1　天津市科技领域法治化营商环境建设历史脉络 ············· 26
　4.2　天津市科技领域法治化营商环境建设的主要举措 ········· 29
　4.3　天津市科技领域法治化营商环境的主要问题 ················ 36

第5章　科技领域法治化营商环境的国外比较——以美、日、英为例 ············ 46
　5.1　美国科技领域营商环境法治化 ······································ 46
　5.2　日本科技领域营商环境法治化 ······································ 56
　5.3　英国科技领域营商环境法治化 ······································ 66
　5.4　启示 ·· 72

1

第6章 科技领域法治化营商环境的国内比较——以北、上、广为例 ·············· 74

6.1 北京市科技领域法治化营商环境建设 ·············· 75

6.2 上海市科技领域法治化营商环境建设 ·············· 82

6.3 广东省科技领域法治化营商环境建设 ·············· 91

6.4 启示 ·············· 95

第7章 天津市科技领域法治化营商环境的优化路径 ·············· 98

7.1 天津市科技领域法治化营商环境建设目标 ·············· 98

7.2 天津市科技领域法治化营商环境建设的对策 ·············· 100

第8章 研究结论 ·············· 109

8.1 营商法治环境优化有助于科技创新，发展新质生产力 ·············· 109

8.2 天津市科技型企业营商法治环境存在不足 ·············· 109

8.3 美国、英国、日本作为典型的科技发达国家，
其营商制度体系相对健全 ·············· 110

8.4 北京、上海、广州是营商环境建设走在前列的省市，
建设的个案经验可以为天津提供借鉴 ·············· 111

8.5 天津需要系统优化营商法治环境，实现一流环境建设目标 ·············· 112

参考文献 ·············· 113

附录A 调研报告 ·············· 118

附录B 调研问卷 ·············· 135

附录C 访谈记录 ·············· 142

第1章 绪论

1.1 研究背景和意义

习近平总书记说,"法治是最好的营商环境。"科技领域法治化营商环境是科技领域的市场主体在市场准入、生产、经营、退出等过程中接触的法治环境,主要体现为相关的一系列公平、透明的法律法规和监管程序。科技领域良好的法治化营商环境是激励科技创新,繁荣创新经济的必要条件。2019年,天津颁布《天津市优化营商环境条例》,对同样适用于科技领域的法治化营商环境建设进行规定。同时,天津通过其他规范性文件推进科技领域的营商环境建设,取得了良好的成效,促进了天津科技市场的发展。全国其他地区也纷纷进行科技领域营商法治环境的建设,不断进步。为了进一步优化天津科技领域法治化营商环境,系统提升天津科技领域营商环境的竞争力,有必要在梳理建设现状,查找问题的基础上,对比借鉴国内外典型地区的建设经验,提出可操作性的对策。

1.2 前期研究基础

1.2.1 国外研究现状

营商环境的概念起始于国外。最早对营商环境进行评估的是1979年的《全球竞争力报告》。而"营商环境"一词首次出现在2003年世界银行发布的第一份《营商环境报告》[1]中。罗伯特·斯托伯提倡运用"等级尺度法"评价营

---

[1] 世界银行每年度发布《营商环境报告》(*Doing Business Report*)。

商环境。2022年2月4日,世界银行发布新的营商环境体系BEE项目。因此,营商环境的研究和实践在国外起步早,成果多。实践方面,世界银行制订营商环境的评价指标体系,并对各国开展建设评价,公布年度报告,为各国营商环境的优化提供参考信息。随着评价工作的不断深入,世界银行也在研究如何优化营商环境的构成要素和评价指标。因此,营商环境建设的研究受到普遍关注。

1.2.2 国内研究综述

营商环境自2009年起引起我国政府的重视。习近平总书记多次在会议上强调:"要改善投资和市场环境,加快对外开放步伐,降低市场运行成本,营造稳定、公平、透明、可预期、法治化、国际化、便利化的营商环境。"2019年10月23日,国务院公布《优化营商环境条例》。

我国学界较早开始对营商环境的研究。据查证,较早提出"营商环境"一词的文献是1997年的《李嘉诚:和谐营商环境很重要　董特首:良好营商环境利复苏》。该文提到❶:"有一个好的营商环境才可以促进经济复苏,制造更多的就业机会。"早期对营商环境法治化进行研究的城市主要集中在广东。广东省最早对"营商环境"进行比较系统的理论研究和实践。2012年,广东省组织有关单位开展"建设法治化、国际化营商环境"相关课题的调研。2012年,吴冰的《打造法治化、国际化的营商环境》指出❷,广东省营造法治化、国际化的营商环境需要做到三个"加强"。周盛盈在《论地方人大在创建法治化国际化营商环境中的作用》❸中,进一步明确地方人大在创建法治化、国际化

---

❶《李嘉诚:和谐营商环境很重要　董特首:良好营商环境利复苏》,《广东大经贸》1999(1):13。

❷ 吴冰:《打造法治化、国际化的营商环境》,《广东经济》2012(6):14-16。

❸ 周盛盈:《论地方人大在创建法治化国际化营商环境中的作用》,《中共珠海市委党校珠海市行政学院学报》2013(4):77-80。

营商环境中的作用。阚春丽在《新时代营商环境法治化建设问题的分析与思考》❶中指明营商环境法治化建设工作的问题，同时提出完善的对策。

2019年《优化营商环境条例》颁布以后，关于法治化营商环境的研究迎来高峰。从文献分布来看，关于法治化营商环境的一般理论研究较多，关于科技领域法治化营商环境的具体研究偏少。部分学者从法治化营商环境的构成、功能、问题、优化途径进行理论阐释。比如，陈建财❷从立法、司法、执法、守法等角度论述法治化营商环境的重要性。冯烨❸在《法治化营商环境评估指标体系构建》中进一步将法治化融入营商环境评估指标体系，确定包括市场环境系统、法律环境、生态环境、软环境等在内的基本框架。魏小雨在《法治化营商环境构建中的政府功能——以互联网平台型企业治理为例》❹中，以政府作为主体，分析政府在法治化营商环境构建中发挥的关键作用。但是，科技领域法治化营商环境的文献较少。李雨峰、邓思迪❺在营商环境法治化的背景下，重点论述知识产权行政执法在营商环境法治化进程中的意义。同时，因为各地相继颁布实施地方性的营商环境条例，接受全国范围的营商环境评价。部分学者侧重对特定地区的法治化营商环境建设的现状、问题和完善进行实证研究。典型的有，孔令兵❻在《郑洛新"自创区"知识产权营商环境建设构想》中，分析郑州、洛阳和新乡国家自主创新示范区的知识产权营商环境建设存在

---

❶ 阚春丽：《新时代营商环境法治化建设问题的分析与思考》，《法制与社会》2019（6）：132-133。

❷ 陈建财：《优化营商环境重在优化法治环境》，《法人》2020（1）：34-37，4。

❸ 冯烨：《法治化营商环境评估指标体系构建》，《理论探索》2020（02）：120-128。

❹ 魏小雨：《法治化营商环境构建中的政府功能——以互联网平台型企业治理为例》，《领导科学》2022（2）：81-84。

❺ 李雨峰、邓思迪：《常识：知识产权行政执法的理性基础——从营商环境法治化展开》，《福建师范大学学报（哲学社会科学版）》2020（3）：60-70，170。

❻ 孔令兵：《郑洛新"自创区"知识产权营商环境建设构想》，《河南科技大学学报（社会科学版）》2020，38（1）：60-65。

的制约因素，并提出要建立网络知识产权执法与司法保护系统等相关建议。

科技领域的法治化营商环境作为创新经济的促进条件和保障因素，自然而然也成为研究焦点之一。基于学科的不同立场，经济学、管理学等学科开始探讨营商环境和科技创新的相关性，并提出对策建议，完善科技领域的法律制度，优化营商环境。比如，科技领域与营商环境之间的研究相对比较充分。谭素仪、苏云飞、王娟明确指出[1]，良好的城市营商环境对城市技术创新产出能力有显著的促进作用。城市软环境和基础设施水平对技术创新产出能力有直接影响。张曾莲、孟苗苗提到[2]，对外开放会显著促进经济高质量发展，但会削弱科技创新对经济高质量的正向促进效应，尤其对我国科技含量较高的专利。霍春辉、张银丹提到[3]，不同情境下营商环境作用于企业创新质量的效果存在明显差异。尤航提到[4]，完善的法治环境可以降低研发初期的市场风险和技术风险，能够有效保障投资者的合法权益。同时，法学领域的学者则从知识产权保护等相关角度开展科技领域营商环境法治化的研究。比如，李雨峰、邓思迪重点论述知识产权行政执法在营商环境法治化中的意义[5]。

关于科技领域法治化营商环境的理论讨论为特定地区的建设提供知识支持。天津作为营商环境建设的重要城市，其建设的现状、问题和完善研究有较多成果。其中，不乏与天津科技领域法治化营商环境相关的研究。比如，许爱萍从政府服务、政策制定、外资招商力度等方面分析我国其他城市的概况，指

---

[1] 谭素仪、苏云飞、王娟：《营商环境与城市技术创新产出能力——基于国内32个大城市的实证检验》，《资源与产业》2020，22（4）：80-86。

[2] 张曾莲、孟苗苗：《营商环境、科技创新与经济高质量发展——基于对外开放调节效应的省级面板数据实证分析》，《宏观质量研究》2022，10（2）：100-112。

[3] 霍春辉、张银丹：《水深则鱼悦：营商环境对企业创新质量的影响研究》，《中国科技论坛》2022（3）：42-51。

[4] 尤航：《营商环境对区域创新发展的效应研究》，《河南科学》2022，40（1）：104-112。

[5] 李雨峰、邓思迪：《常识：知识产权行政执法的理性基础——从营商环境法治化展开》，《福建师范大学学报（哲学社会科学版）》2020（3）：60-70，170。

明天津营商环境的发展现状、主要问题和优化建议❶。李晓锋、李加军、程钧令以当前天津滨海新区知识产权保护的现状和面临的主要问题为对象进行分析,提出滨海新区通过强化知识产权保护、塑造一流营商环境的对策建议❷。

总体而言,天津市科技领域法治化营商环境的建设和研究都取得了较为丰富且良好的成果。但是,相关的研究尚缺乏实证调研,系统的理论分析还不充分,有必要进一步通过实证调查和比较借鉴探索完善的方案。

1.3 研究范围和目标

本文以法治化营商环境理论为视角,以天津市科技领域法治化营商环境为研究对象。首先,采用文献分析法阐释天津市科技领域法治化营商环境的内涵、构成和功能。然后,通过实证分析调研天津市科技型企业营商环境存在的问题和不足。随后,采用比较分析的研究方法,以国内外典型地区科技领域法治化营商环境为对比对象,从国内外法治化营商环境的系统构成、具体制度、实施效果等角度进行比较总结,归纳有益经验。最后,提出具体、系统、可行的天津科技领域法治化营商环境建设思路,形成天津市科技领域法治化营商环境优化的方案。

---

❶ 许爱萍:《建设高质量营商环境 推动天津经济高质量发展》,《城市》2019(4):14-19。
❷ 李晓锋、李加军、程钧令:《天津滨海新区强化知识产权保护 塑造一流营商环境的对策研究》,《天津经济》2021(4):25-29。

第2章 科技领域法治化营商环境的内涵、构成和功能

为了了解营商法治环境的含义,有必要梳理法治化营商环境相关的理论论述,提出可操作性的定义,归纳科技型企业制度性成本和法治化营商环境建设之间的关系假设,形成进一步开展研究的理论框架。本章首先梳理文献,了解法治化营商环境相关的理论文献,通过逻辑演绎,得出法治化营商环境对科技型企业市场行为的影响及作用原理。通过相关主题文献的搜索,整理科技型企业法治化营商环境相关的理论阐述和重要命题,厘清法治化营商环境的核心内涵、构成要素和功能价值。

2.1 科技领域法治化营商环境的核心内涵

科技领域法治化营商环境是指科技领域的市场主体在市场准入、生产经营、市场退出等过程中涉及的法律制度环境。

界定科技领域法治营商环境,首先要理解什么是营商环境。科技领域法治化营商环境是营商环境的重要组成部分。营商环境最早出现于世界银行的评价报告中,是指市场主体在市场经济活动中的体制机制性因素和条件。随后,在实践和理论上都出现了关于营商环境的不同理解。

从实践理解来看,有关营商环境的专门法规是《营商环境优化条例》。国务院颁布《营商环境优化条例》指出,营商环境是指市场主体在市场经济活动中所涉及的体制机制性因素和条件。该条例过于笼统,并未细化。从地方性法规来看,《云南省优化营商环境条例》指出,营商环境是指企业、个体工商户等市场主体在市场经济活动中所涉及的体制机制性因素和条件。《广西壮族自

治区优化营商环境条例》和《湖北省优化营商环境办法》进一步指出，营商环境是指企业以及其他从事生产经营活动的组织和个人在市场准入、生产经营、市场退出等市场经济活动中涉及的体制机制性因素和条件。这些地方立法主要依据国务院《营商环境优化条例》的规定，界定营商环境的含义。

在学术理解上，谭世贵、陆怡坤在《优化营商环境视角下的企业合规问题研究》一文中指出❶，"营商环境，是指伴随企业活动整个过程的各种周围境况和条件的总和，具体包括影响企业活动的法律要素、政治要素、经济要素和社会要素等，是一项涉及经济社会改革和对外开放众多领域的系统工程。"它们明确提出营商环境包含的领域及这些领域在企业发展中发挥的作用。郭富青在《营商环境市场化法治化的中国思路》中，在相关法律法规认定的营商环境的含义基础上，把广义的营商环境解释为"包括硬环境和软环境"。硬环境主要指市场主体从事生产、经营和交易活动所依赖的自然环境与配套设施。软环境则是指市场主体在商事活动中所涉及的体制机制性因素和条件❷。可见，营商环境是市场主体在市场活动中的、涉及制度性交易成本的体制机制性因素和条件。

法治化营商环境的理解要更加复杂。在营商环境法治的构建标准上存在共识，但是环境法治的具体构成阐述不一。从学术上看，郭富青在《营商环境市场化法治化的中国思路》中指出，营商环境本质上是市场环境和法治环境，法治化的市场环境是最好的营商环境。营商环境法治化要求三个统一性，即营商环境法治化与推进法治建设具有统一性、营商环境法治化与繁荣市场经济具有统一性、营商环境法治化与区域协调发展具有统一性❸。石佑启、陈可翔在《法治化营商环境建设的司法进路》中指出，法治是衡量营商环境优劣的关键

---

❶ 谭世贵、陆怡坤:《优化营商环境视角下的企业合规问题研究》,《华南师范大学学报（社会科学版）》2022（4）: 135-152, 207-208。

❷ 郭富青:《营商环境市场化法治化的中国思路》,《学术论坛》2021, 44（1）: 1-12。

❸ 同❷。

指标，是改善营商环境的重要手段，也是营商环境的重要内容和保障。法治化营商环境建设重在依托法治实现构建优质营商环境的目标追求。稳定、公平、透明、可预期是优质营商环境的基本表征，是法治化营商环境建设的价值取向[1]。谢红星在《法治化营商环境的证成、评价与进路：从理论逻辑到制度展开》中，将法治化营商环境看作作用于企业开办、投资、运营、发展、创新诸环节的法规政策制定环境、依法行政环境、司法环境等[2]。法治在优化营商环境方面具有固根本、稳预期、利长远的作用。市场活动的可预期性取决于法律的安定性，即法律对市场行为不仅有明确的规定，而且依靠严格执法、公正司法保持法律动态的一致性和连续性。

从实践来看，早在十八届三中全会，《中共中央关于全面深化改革若干重大问题的决定》中指出"建设法治化营商环境"的重要要求。但是在理论研究中，关于其的认识并不一致。有的认为，法治化营商环境是营商的法治环境。有的认为，营商法治环境包括法规政策制定环境、依法行政环境、司法环境、信用环境、社会环境5个部分。有的认为，营商环境包括营商法治环境、营商执法环境、营商司法环境、营商守法环境。有的主张，营商环境包含营商环境制度体系建设、营商环境行政执法能力建设、营商环境公正司法建设、营商环境监管体系建设、营商环境建设保障机制。通过比较发现，这些理解上的差异表现在营商环境法治化的范围认识不一致。出现差异的原因就在于，企业市场活动包含哪些具体环节？每个环节涉及哪些法治因素？这些问题都缺少共同的认识。但是，法治营商环境的构建思路是一致的。也就是，根据中国特色社会主义法治理念中的"科学立法、严格执法、公正司法、全民守法"等环节，结合企业的活动，构建与我国国情相吻合、降低制度性交易成本的营商环境法治

---

[1] 石佑启、陈可翔：《法治化营商环境建设的司法进路》，《中外法学》2020, 32（3）：697-719。
[2] 谢红星：《法治化营商环境的证成、评价与进路——从理论逻辑到制度展开》，《学习与实践》2019（11）：36-46。

评价体系。

科技型企业是指产品的技术含量比较高，具有核心竞争力，能不断推出适销对路的新产品，不断开拓市场的企业。一般来说，它是指科技人员领办或创办，主要从事高新技术产品的研制、开发、生产和服务的中小规模企业，是知识集约度高，谋求产品、服务等的高附加值，吸收高额资本的企业。其高成长、高风险、高收益并行，企业的研究开发密集度高，以技术创新为企业生存和发展的基础，具有空间集聚的特性，拥有智力和知识资源。从技术含量上看，科技型企业体现为两个指标。一是科技人员的比例，二是研究开发的投入。从规模上看，科技型企业普遍在生产经营规模上属于中小企业的范畴。❶

科技领域法治化营商环境主要是指科技型企业营商的法治环境。具体而言，它是指按照立法、执法、司法、守法的法治要求，根据科技型企业市场行为的特点，建立减少制度性交易成本、系统完整、合法有效、执行到位的制度环境。

2.2 科技领域法治化营商环境的构成要素

科技领域的营商法治环境根据科技型企业所在地区、行业及企业类型等不同特点可以划分出不同的构成元素。

首先，按照营商环境的构成领域进行法治建设的标准，营商法治环境可以分为科技领域政务环境法治化、市场环境法治化、人文环境法治化等要素。科技领域政务环境法治化是指把"放管服"的政策进一步细化落实到位。人民政府及相关的科技管理部门具备良好的"守约"意识、服务意识，具备良好的行政服务能力和水平。通过良好的行政服务，进一步推进科技企业的创新。精简

---

❶ 王旭、刘玉国:《科技型企业生命周期及其特征分析》,《工业技术经济》2003, 22（4）: 2, 79-80。

行政许可和审批，使营商环境更加有序化，具备良好的政务公开监督制度。市场环境法治化是指给予科技企业在市场准入、政府采购、获取科技生产要素方面各种优惠的待遇，同时保证各种科技企业具备公平的经营环境。人文环境法治化是指一个地区整体的科技创新氛围。公众的科技创新精神会促进当地科技企业的发展，吸引更多科技人才的涌入。

其次，按照科技领域市场主体的种类来建构营商法治环境。科技型企业包括科技型小微企业、科技型中小企业、高科技企业，它们需要不同类型的营商法治环境。因此，可以分为科技型小微企业的营商法治环境、科技型中小企业的营商法治环境、高科技企业的营商法治环境。这样的分类可以精细化地针对不同类型的企业需求完善法治环境。

一般认为，按照法治建设的各个环节进行划分，更加符合营商法治环境的通常理解。为此，科技领域营商法治环境包括科技型企业营商的立法环境、司法环境、执法环境、守法环境。根据科技领域市场主体全生命周期的过程及其特点，该环境需要满足地区、市场、主体、行业的要求。

第一，科技领域营商立法环境。它是科技型企业市场活动相关的法律法规和规范性文件的制定制度及其实施形成的条件。立法环境优化是其他环境建设的逻辑前提。立法过程和内容应当坚持系统性、科学性、民主性、合法性。第二，科技领域营商行政环境。它是科技型企业市场活动相关的、发挥政府服务管理职能的程序和实体制度及其实施形成的条件。其主要体现为科技行政服务和科技行政执法。第三，科技领域营商司法环境。它是科技型企业市场活动相关的、发挥纠纷解决功能的程序和实体制度及其实施形成的条件。其主要包括涉科技型企业纠纷化解的司法机制、仲裁机制、调解机制。第四，科技领域营商守法环境。它是科技型企业市场活动相关的、守法意识培养和信用监督方面的程序和实体制度及其实施形成的条件。有效的普法宣传制度、严密的科技信用体系是促进守法的重要制度。

2.3 科技领域法治化营商环境的功能价值

法治化是科学立法、严格执法、公正司法、全民守法的境界追求。法治化使制度性交易成本不断减少，保障市场主体利益的法律制度建设过程。科技领域营商法治环境的优劣决定着创新经济发展的速度和质量，是衡量一个地区科技发展软实力的重要标志。良好的营商环境就是生产力，是一个城市的软实力。要想形成良好的法治环境，就需要对营商环境进行法治化建设。法治既是改善营商环境的重要手段，也是营商环境的重要组成部分。制度性交易成本是指因政府的各种制度工具所带来的成本，是企业在遵循政府制定的一系列规章制度时所需付出的成本❶。例如，各种税费、融资成本、交易成本等都属于制度性成本。法治环境和制度性交易成本呈现正相关的关系。法治化可以进一步完善营商环境的各个环境和要素，系统、精准地减少营商环节相关的制度性交易成本。

首先，良好的立法环境减少科技型企业的制度性交易成本。民主、科学和依法立法可以减少科技领域市场主体的交易成本。例如，法治化可以通过立法调整政府部门的优惠政策、减免利息和手续费，减少融资成本；可以通过清晰界定政府责任，减少政府寻租，显著地降低企业的注册成本；可以通过简化司法程序，强化司法透明公正，降低企业诉讼成本。

其次，严格的执法环境减少科技型企业的制度性交易成本。科技领域市场主体在政府管理过程中面临发生成本的机会。政府的行政许可、行政处罚等行政行为涉及企业市场活动的各个环节。优质的政务服务可以降低科技型企业的注册成本。良好齐全的政务服务涉及企业设立、融资、人才招聘等各个环节，充分减少企业办事成本，提高企业的经营效率。高效公正的执法行为有助于企

---

❶ 周其仁：《体制成本与中国经济》，《经济学》（季刊），2017，16（3）：859-876。

业市场竞争的平等地位维护，保证企业合法权益获得国家公权力的有效保护。

再次，公正司法环境减少科技型企业的制度性交易成本。科技领域市场主体往往成为民事纠纷、刑事纠纷等的当事人。有效、公正、透明的司法有助于降低诉讼成本。知识产权的司法保护是科技型企业权益保护的重点。立案、审理、执行环节的便捷高效，以及司法机制以外的其他纠纷解决机制的配套完善，可以充分减少企业的司法成本。在降低企业的诉讼成本上，司法程序的简化和司法机制的创新不仅可以降低企业在知识产权方面的维权成本，还能加大对知识产权的惩罚力度，对潜在可能的违法者予以警示，防止企业再次受到侵害。

最后，全民守法环境减少科技型企业的制度性交易成本。科技领域市场主体的企业经营权、智力成果权等权利在良好的守法范围中获得保障和尊重。权利的保障可以增强企业家从事科技创新的信心，减少科技泄密的预防成本，促进科技领域的创新创业，增强全民创新创业的积极意识，积累和吸引更多的创新资源和创新人才。增强创新人才和企业人员的法律意识，可以依法在科技型企业从事产品研发和技术创新，自觉注重企业合规和知识产权保护，维护企业商业秘密和技术研发成果。

第3章 国家科技领域法治化营商环境的现状

本章通过国家法律法规数据库检索近五年关于营商环境的法律法规，分析营商环境立法的变化和环境建设的要求。通过对法律法规进行分析，按照营商环境相关的立法、司法、执法、守法的主要制度，得出国家在法治化营商环境建设方面的立法现状和趋势。目前，国家关于科技领域法治化营商环境的建设包括立法环境建设、司法环境建设、执法环境建设、守法环境建设四个部分。通过对营商环境相关部门近五年出台的主要法律法规的梳理，可以大致描述国家在优化科技领域法治化营商环境方面的种种努力。

3.1 立法环境建设现状

通过法律、行政法规和部门规章等立法活动，全国人民代表大会及其常务委员会、国务院和其他有立法权的部门不断完善营商立法环境涵盖的制度。这些制度方面的立法涉及科技型企业运营过程中相关法律制度的建设。主要包括企业设立登记方面、科技企业准入方面、科技企业减费免税方面、科技企业融资方面。

3.1.1 企业设立登记立法方面

2016年税务总局印发《高新技术企业认定管理办法》。该办法详细规定高新技术企业认定条件、程序和监督管理。随后在2017年，税务总局进一步发布《科技型中小企业认定办法》。该办法对科技型中小企业的认定做出规定。2021年新版的《中华人民共和国科学技术进步法》针对科技企业的形式和等级进行细化，出现了科技领军企业、科技企业孵化机构、科技型企业、初创科技型企业、科技型中小企业、外资企业等六种企业类型称谓。

3.1.2 科技企业准入立法方面

近年来，我国资本市场不断加大对科技创新的支持力度，强化科技创新对经济的支撑作用。科技型企业数量显著增长。我国全社会研发投入从2012年的1.03万亿元增长至2021年的2.79万亿元，研发投入强度从1.91%增长到2.44%。2021年全国技术合同成交额达到3.73万亿元。在科技企业的市场准入上，国家为科技企业的发展做出法律政策上的支持。2016年，在《国家创新驱动发展战略纲要》中，国家明确规定，要放宽国防科技领域市场准入，扩大军品研发和服务市场的开放竞争，引导优势民营企业进入军品科研生产和维修领域，完善军民两用物项和技术进出口管制机制。2022年初的《2022年科技部火炬中心工作要点》中强调，要进一步探索构建金融支持高水平科技创新体系。其中就涉及与交易所、银行、科技创新投资基金等的深化合作，以创新金融产品和完善服务模式为重点，引导金融资本向科技企业集聚。加快建设科技企业上市培育库，对高成长性科技初创企业提供资源对接和辅导培训，打造科技企业上市发展服务通道，等等。

3.1.3 科技型企业减费免税制度方面

2017年出台的《中华人民共和国中小企业促进法》规定，国家采取措施支持社会资金参与投资中小企业。创业投资企业和个人投资者投资创立科技创新企业的，按照国家规定享受税收优惠。随后，国家针对税种进行进一步优化。2018年5月，财政部、税务总局《关于创业投资企业和天使投资个人有关税收政策的通知》规定，有限合伙制的创业投资企业采取股权投资方式直接投资于符合条件的初创科技型企业满2年（24个月）的，法人合伙人可以按照对初创科技型企业投资额的70%抵扣法人合伙人从合伙创投企业分得的所得；当年不足抵扣的，可以在以后纳税年度结转抵扣。个人合伙人可以按照对初创科技型企业投资额的70%抵扣个人合伙人从合伙创投企业分得的经营所得；当年不足抵扣的，可以在以后纳税年度结转抵扣。7月，财政部、税务总局《关于延长高新技术企业和科技型中小企业亏损结转年限的通知》规定，当年具备高新技术企业或科技型中小企业资格的企业，其具备资格年度之前5个年度发生的尚未弥补完的亏损，准予结转以后年度弥补，最长结转年限由5年延长至10年。2018年财政部、税务总局、科技部、教育部《关于科技企业孵化器 大学科技园和众创空间税收政策的通知》规定，对国家级、省级科技企业孵化器、大学科技园和国家备案众创空间自用以及无偿或通过出租等方式提供给在孵对象使用的房产、土地，免征房产税和城镇土地使用税；对其向在孵对象提供孵化服务取得的收入，免征增值税。财政部、税务总局、发展改革委、工业和信息化部《关于促进集成电路产业和软件产业高质量发展企业所得税政策的公告》针对软件企业做出规定。国家鼓励的软件企业，自获利年度起，第一年至第二年免征企业所得税，第三年至第五年按照25%的法定税率减半征收企业所得税。2021年新修订的《中华人民共和国科学技术进步法》中，把科技型中小企业纳入税收优惠对象的范围。2024年3月，财政部会同科技部、海关总署、税务总局等部门系统梳理支持科技创新的主要税费政策，搜集整理税收征管规定和行业管理办法等，编写《我国支持科技创新主要税费优惠政策指引》，力求为创新主体提供菜单式和一站式服务，推动税费优惠政策应享尽享。

3.1.4 科技型企业融资制度方面

2019年，中国银保监会、国家知识产权局、国家版权局《关于进一步加强知识产权质押融资工作的通知》提出，优化知识产权质押融资服务体系、加强知识产权质押融资服务创新、健全知识产权质押融资风险管理、完善知识产权质押融资保障工作。2020年7月，国务院印发《关于促进国家高新技术产业开发区高质量发展的若干意见》，鼓励商业银行在国家高新区设立科技支行。支持金融机构在国家高新区开展知识产权投融资服务，支持开展知识产权质押融资，开发完善知识产权保险，落实首台（套）重大技术装备保险等相关政策。大力发展市场化股权投资基金。引导创业投资、私募股权、并购基金等社会资本支持高成长企业发展。鼓励金融机构创新投贷联动模式，积极探索开展多样化的科技金融服务。创新国有资本创投管理机制，允许园区内符合条件的国有创投企业建立跟投机制。支持国家高新区内高成长企业利用科创板等多层次资本市场挂牌上市。支持符合条件的国家高新区开发建设主体上市融资。2021年，银保监会发布《银行业、保险业支持高水平科技自立自强的指导意见》，提出积极支持科技企业直接融资，支持资产管理产品依法投资，包括未上市科技企业股权及其受（收）益权在内的权益类资产，实现资管产品期限与其所投资资产期限相匹配、与科技企业成长周期相匹配。2021年8月，国务院在《关于完善科技成果评价机制的指导意见》中明确提出，充分发挥金融投资在科技成果评价中的作用，加大对科技成果转化和产业化的投融资支持。要推广知识价值信用贷款模式，扩大知识产权质押融资规模。在知识产权已确权并能产生稳定现金流的前提下，规范探索知识产权证券化。2021年10月，《国务院关于开展营商环境创新试点工作的意见》中提出，要完善知识产权市场化定价和交易机制，开展知识产权证券化试点。探索建立跨区域知识产权交易服务平台，为知识产权交易提供信息挂牌、交易撮合、资产评估等服务，帮助科技企业快速质押融资。2021年年末修订的《中华人民共和国科学技术进步法》中，增加了三项支持科技企业上市融资的制度。国家完善科技型企业上市融资制度，畅通科技型企业国内上市融资渠道，发挥资本市场服务科技创新的融资功能。2022年，《国家外汇管理局关于支持高新技术和"专精特新"企业开展跨境融资便利化试点的通知》针对国家或地方相关部门认证的具有"专业化、精细化、特色化、新颖化"特征的企业开展跨境融资便利化试点。2022年9月，《国务院办公厅关于复制推广营商环境创新试点改革举措的通知》提出，要更好地支持市场主体创新发展，健全知识产权质押融资风险分担机制和质物处置机制、优化科技企业孵化器及众创空间信息变更管理模式等。2024年1月，金融监管总局发布《国家金融监督管理总局关于加强科技型企业全生命周期金融服务的通知》。通知指出，要推动银行业、保险业进一步加强科技型企业全生命周期金融服务，支持初创期科技型企业成长壮大，丰富成长期科技型企业融资模式，提升成熟期科技型企业金融服务适配性，助力不同阶段科技型企业加大研发投入。

3.2 司法环境建设现状

近年来，最高人民法院、最高人民检察院已经围绕科技领域营商法治环境建设出台一系列司法解释和意见，从司法审判、司法监督、检察事务、纠纷解决等多方面完善科技型企业营商的司法环境。

在民事诉讼和刑事诉讼方面上，2018年发布《关于加强知识产权审判领域改革创新若干问题的意见》，希望通过司法手段进一步发挥知识产权审判激励和保护创新、促进科技进步和社会发展的职能作用。2020年，最高人民法院发布《关于审理涉电子商务平台知识产权民事案件的指导意见》《关于涉网络知识产权侵权纠纷几个法律适用问题的批复》。这两个文件为公正审理涉电子商务平台知识产权民事案件，依法保护电子商务领域各方主体的合法权益，完善网络知识产权侵权保护机制，促进电子商务平台经营活动规范、有序、健康发展提供司法指引。2021年，为正确实施知识产权惩罚性赔偿制度，依法惩处严重侵害知识产权行为，发布《最高人民法院关于审理侵害知识产权民事案件适用惩罚性赔偿的解释》。2022年发布《最高人民法院关于第一审知识产权民事、行政案件管辖的若干规定》。其中进一步明确知识产权案件的审判管辖等内容。后陆续出台《最高人民法院关于审理技术合同纠纷案件适用法律若干问题的解释》等司法解释。在刑事上，为依法惩治侵犯知识产权犯罪，颁布《最高人民法院、最高人民检察院关于办理侵犯知识产权刑事案件具体应用法律若干问题的解释》等司法解释。其次，2014年，全国人大常委会决定在北京、上海、广州设立知识产权法院。知识产权的审判范围已经涵盖专利、商标、著作权、商业秘密、集成电路布图设计、植物新品种、地理标志等权利保护以及不正当竞争、垄断行为规制等相关案件，纠纷类型越来越多样。人民法院已经牢固树立起保护知识产权就是保护创新的司法理念。知识产权司法保护工作取得明显成效。人民法院严格保护科技创新成果，服务新质生产力发展。面对新挑战，司法审判积极探索新的裁判规则，明晰权益保护边界，服务保障数字经济。❶

在司法检察制度上，检察机关加强法律监督，强化对知识产权的司法保护，严厉打击侵犯商标权、著作权、专利权等知识产权犯罪。2021年至2023年，全国检察机关受理审查起诉侵犯知识产权犯罪由2.2万人增长到3.07万人。此外，知识产权民事行政诉讼监督案件数量逐年大幅上升。2021年同比增加3.1倍，2022年同比增加72.2%，2023年又同比增加1.7倍，达到2508件。2023年，民事生效裁判监督案件中，提出抗诉和制发再审检察建议726件，同比增加8.1倍❷。2017年，在《最高人民法院关于为改善营商环境提供司法保障的若干意见》中，提出严格依法审理各类知识产权案件，加大知识产权保护力度，提升知识产权保护水平，严格落实《中国知识产权司法保护纲要（2016—2020）》，持续推进知识产权审判工作，加强对新兴领域和业态知识产权保护

---

❶ 林平：《专访最高法民三庭庭长：加强知产司法保护，服务新质生产力》，法治中国_澎湃新闻。

❷ 《知识产权检察工作白皮书（2021—2023年）》，最高人民检察院网上发布厅。

的法律问题研究，适时出台司法解释和司法政策，推动知识产权保护法律法规和制度体系的健全完善。加强知识产权法院体系建设，充分发挥审判机构专门化、审判人员专职化、审判工作专业化的制度优势。进一步发挥知识产权司法监督职能，加大对知识产权授权确权行政行为司法审查的深度和广度，推动完善知识产权诉讼中的权利效力审查机制，合理强化特定情形下民事诉讼对民行交叉纠纷解决的引导作用，促进知识产权行政纠纷的实质性解决。综合运用民事、行政和刑事手段从严惩处各类知识产权侵权违法犯罪行为。2022年，最高人民检察院发布《最高人民检察院关于全面加强新时代知识产权检察工作的意见》。其内容主要涉及：坚持以办案为中心，全面提升知识产权检察综合保护质效；坚持开拓创新，建立完善知识产权检察体制机制等制度。2023年4月26日，最高人民检察院发布《人民检察院办理知识产权案件工作指引》。其规定知识产权刑事案件的办理、知识产权民事、行政诉讼监督案件的办理和知识产权公益诉讼案件的办理。2024年4月25日，最高人民检察院召开"深化知识产权检察综合履职、促进新质生产力发展"新闻发布会，首次向社会发布了《知识产权检察工作白皮书（2021—2023年）》。白皮书全面展示了最高人民检察院着力构建知识产权大保护格局的成效。白皮书还着重指出了持续深入推进知识产权检察综合履职的制度建设。白皮书深度解析三年来全国检察机关受理涉知识产权刑事、民事、行政和公益诉讼案件基本情况，总结出"刑事惩治力度不断加大、民事行政监督成效显著提升、公益诉讼检察稳步推进、综合履职深入开展"四个显著特征。

在相关纠纷解决制度上，提升司法审判质效。探索人民法院一站式诉讼服务体系与知识产权、商事调解机制的有效衔接，确保当事人"只进一个门、最多跑一次、可以不用跑"，构建起多元化解、繁简分流的分层纠纷解决路径，为当事人提供线上线下分层次、多途径、高效率、低成本的纠纷解决方案。进一步健全完善诉调对接规则，开展全流程在线调解、在线申请司法确认或调解书等，建立高效便捷的在线诉调对接工作机制。探索涉及科技类案件的集中审理，建立审理专门化、管辖集中化、程序集约化的审判体系，通过专门、专业的审判法庭和高效的证据保全、财产保全、现场勘验等程序措施，解决此类案件侵权成本低、审理周期长、维权成本高、赔偿数额低等问题。坚持判决文明执行的理念，灵活采取执行措施，选择对科技型企业影响最小的执行方式，用心用情促成双方当事人达成执行和解。发挥审判职能，加强对重点领域科技创新产业及其成果的司法保护，认真总结裁判规则，及时发布典型案例、参考案例和指导性案例，激励技术创新、模式创新和方法创新，保障前沿高新技术产业高质量发展。

3.3 行政环境建设现状

在行政环境建设方面，国务院及其各部委围绕行政保护、行政确认、行政处罚、行政监管、行政服务等主要方面出台行政法规和规章，形成良好的营商行政环境。

在行政保护制度上，2019年11月，中央办公厅、国务院办公厅印发《关于强化知识产权保护的意见》，要求"加强专业技术支撑，在知识产权行政执法案件处理中引入技术调查官制度，协助行政执法部门准确高效认定技术事实"。2020年，国家知识产权局对十三届全国人大四次会议第3538号建议答复的函中明确提出：要加大行政保护力度。知识产权局不断完善知识产权快速协同保护机制，与地方共同建设知识产权保护中心和快速维权中心，为辖区内企事业单位提供集快速审查、快速确权、快速维权为一体的知识产权"一站式"综合服务，支持优势产业高质量发展。截至2021年6月，已在全国建设知识产权保护中心50家、快速维权中心25家。同时，国家知识产权局积极推进诚信体系建设，会同发展改革委、人民银行等38个部门联合签署了《关于对知识产权（专利）领域严重失信主体开展联合惩戒的合作备忘录》，将重复专利侵权等6种行为列入严重失信行为。目前，国家知识产权局已经在浙江、上海、深圳等地开展数据知识产权保护试点，力争在立法、存证登记等方面取得可复制、可推广的经验做法，为后续制度设计提供实践基础。其中，浙江已经建立数据知识产权的公共存证平台，并面向市场主体提供存证服务。2022年，《国务院办公厅关于进一步优化营商环境、降低市场主体制度性交易成本的意见》中明确指出要持续加强知识产权保护。即严格知识产权管理，依法规范非正常专利申请行为，及时查处违法使用商标和恶意注册申请商标等行为。完善集体商标、证明商标管理制度，规范地理标志集体商标的注册及使用，坚决遏制恶意诉讼或变相收取"会员费""加盟费"等行为，切实保护小微商户合法权益。健全大数据、人工智能、基因技术等新领域、新业态知识产权保护制度。加强对企业海外知识产权纠纷应对的指导。2022年底前，发布海外重点国家商标维权指南。

在行政确认上，开展技术合同登记行政确认，为企业做好技术合同认定登记服务。《国家技术合同认定管理办法》规定技术合同认定的主管机关、认定程序。

在行政处罚上，"十三五"期间，全国共查处商标侵权、假冒专利等违法案件26.8万件。2020年，有关机关查处涉及抗疫防护用品、食品、电子产品、家用电器、汽车配件等侵权假冒案件2.5万件，涉案金额5.1亿元。针对部分主体恶意申请注册"火神山""雷神山"等商标行为，25个省（区、市）市场监管部门集中开展执法行动，对违法者产生有力威慑。行政处罚的效率上，行政机关树立高效执法理念，由封闭式执法向开放式执法转变。行政处罚的公开上，近年来，政府信息公开力度不断加大。2014年，国务院发文要求在侵权假冒领域主动公开行政处罚信息。2018年，国务院发文推行行政执法公示、执法全过程记录、重大执法决定法制审核等制度。随着政府信息越来越透明，行政执法越来越公开。同时，行政机关更加注重保护行政相对人的权益。2024年4月9日，在国务院政策例行吹风会上，市场监管总局提出：惩罚性赔偿、行政处罚制度要准确适用，避免"小错大赔""小过重罚"。2024年5月1日，《行政处罚裁量权实施办法》施行。该办法规范行政处罚裁量权的规定对提高执法透明度、增强执法公信力、维护公平公正的行业秩序具有重要意义。

在行政监管上，2018年之前，反垄断执法工作由商务部、国家发改委、国家工商行政管理总局分别承担。2018年，国家市场监督管理总局反垄断局设立，成为反垄断专门机构。2021年，国家反垄断局正式挂牌，成为国务院的副部级国家局。2019年，中共中央办公厅、国务院办公厅印发《关于强化知识产权保护的意见》，指出加大执法监督力度。加强人大监督，开展知识产权执法检查。发挥政协民主监督作用，定期调研知识产权保护工作。建立健全奖优惩劣制度，提高执法监管效能。加强监督问责，推动落实行政执法信息公开相关规定，更大范围、更大力度公开执法办案信息。政府及其有关部门应当按照鼓励创新的原则，对新技术、新产业、新业态、新模式等实行包容审慎监管，针对其性质、特点分类制定和实行监管规则和标准，同时不得简单化予以禁止或者不予监管。2020年，《市场监管总局关于贯彻落实〈优化营商环境条例〉的意见》提出，严厉打击知识产权侵权假冒行为。组织开展商标、专利、地理标志侵权假冒专项执法，加大对侵权假冒重点区域、重点市场的案件查办和督查督办力度，推动跨区域执法协作。2021年，《国家知识产权局关于深化知识产权领域"放管服"改革，优化创新环境和营商环境的通知》，针对行政监管规定，加大对违法违规代理行为的打击力度。持续开展"蓝天"专项行动，建立代理行业监管长效机制。加大对电商平台商户无资质开展专利代理行为的打击力度，规范线上商标代理和交易行为，加强对电商平台开展代理业务的协同监管。通过政务大厅、政务网站、新媒体平台等多渠道公布商标、专利办理环节、收费标准和审查审理官方文件等信息。严厉打击伪造变造法律文件、印章，以欺诈、虚假宣传等不正当手段扰乱代理市场秩序等行为。依法依规加强对违法违规代理行为的信用监管和失信惩戒。2024年3月29日国务院政策例行吹风会上，国家市场监督管理总局信用监督管理司司长指出，市场监管总局按照党中央、国务院决策部署，推动构建以信用为基础的新型监管机制，突出体现在聚焦经营主体信用体系建设中心任务，以企业信用提升为主线，以信息归集公示为基础、以信用约束惩戒为重点，以双随机监管为抓手、以信用风险分类为依托，持续发挥信用赋能高质量发展的作用，以信用环境的改善，推动市场环境、营商环境、发展环境持续向好向优。其主要包括四个方面，一是强化信用助企服务上，完善企业信用修复机制，推动成立企业信用联盟，实现社会协同共治。二是丰富信用监管工具。三是实施信用风险分类。四是强化失信行为治理。❶

在行政服务上，《优化营商环境条例》规定，政府及其有关部门应当完善政策措施、强化创新服务，鼓励和支持市场主体拓展创新空间，持续推进产品、技术、商业模式、管理等创新，充分发挥市场主体在推动科技成果转化中的作用。《市场监管总局关于贯彻落实〈优化营商环境条例〉的意见》同时提出，要增强服务意识，提供规范、便利、高效的政务服务。2023年9月4日，国务院办公厅印发《关于依托全国一体化政务服务平台建立政务服务效能提升常态化工作机制的意见》，标志着全国一体化政务服务平台技术支撑体系已经基本建成，优化服务工作的重心正在从系统平台建设转向服务效能的全面提升。全国一体化政务服务平台是创新政府治理和优化营商环境的有力支撑。全国政务服务已经进入提升"一网通办"服务效能的关键阶段，为进一步创新政府治理与优化营商环境提供更大助力。❷

---

❶《加快构建以信用为基础的新型监管机制，持续打造一流营商环境》，中国政府网。
❷《持续提升政务服务效能，助力创新政府治理和优化营商环境》，人民网。

3.4 守法环境建设现状

营商守法环境建设日益受到重视。守法环境主要是指促进企业、政府和公民尊重科技市场主体合法权益的制度体系。其包括普法宣传和信用体系建设。在完善营商环境相关法规政策的宣传机制，健全社会信用体系制度的过程中，科技型企业的营商守法环境质量提升取得明显进展。

普法宣传机制不断强化。2022年年初，国家知识产权局印发《全国知识产权系统法治宣传教育第八个五年实施方案（2021—2025年）》的通知。2022年，最高人民检察院与国家知识产权局发布《最高人民检察院、国家知识产权局关于强化知识产权协同保护的意见》，内容围绕普法宣传，提出要加强宣传配合。并指出，各级知识产权管理部门和检察机关要加强保护知识产权宣传工作，创新宣传方式，找准宣传亮点，扩大宣传途径，采用召开新闻发布会、发布白皮书和典型案例等方式，宣传知识产权行政和司法综合保护效果，营造尊重创新、保护知识产权的良好社会氛围。我国的普法机制不断强化，守法氛围浓厚。

企业信用制度不断完善。2015年，央行探索开展科技企业信用体系建设，完善科技企业信用档案，建立完善科技企业信用评级和评级结果应用，推广互联网金融信用体系建设，并与经信系统建立共享机制，引导科技型中小企业进行信用征集，降低融资成本。2018年5月，中共中央办公厅、国务院办公厅印发《关于进一步加强科研诚信建设的若干意见》，建立健全科研诚信制度，提出完善科研诚信管理工作机制和责任体系、加强科研活动全流程诚信管理、严肃查处严重违背科研诚信要求行为等6个方面、25条措施。2021年，国家知识产权局配合市场监管总局制定印发《市场监管领域严重违法失信名单管理办法》，将"故意侵犯知识产权"等行为列入严重违法失信名单。配合国家发展改革委、中国人民银行制定印发《全国公共信用信息基础目录》和《全国失信惩戒措施基础清单》，将知识产权领域列为信用信息归集重点领域。实施知识产权代理信用评价管理，加强对经营异常和严重违法失信行为的监管。中国企业征信体系建设已初步形成金融领域公共征信、政务领域企业联合征信、商业领域企业征信相互独立、互为补充的体系架构。企业信用同盟是在市场监管总局的倡议指导下，由全国组织机构统一社会信用代码数据服务中心组织推动，于2023年成立的全国性企业信用自律组织。成立以来，企业信用同盟制定工作规则和入盟标准。企业信用同盟建立常态化运行机制，发展同盟成员41家，强化桥梁纽带功能，积极反映成员意见，引导成员企业守信践诺、自律经营，在激活企业诚信经营内生动力方面发挥积极作用。2024年4月19日，国家发展改革委、中国人民银行共同召开社会信用体系建设部际联席会议，提出要加快推进信用立法，尽快推动出台社会信用建设法，提升社会信用体系建设法治化水平。

第4章 天津市科技领域法治化营商环境的现状和问题

本章主要收集整理天津市科技型企业发展状况的相关数据和法治化营商环境的建设信息，梳理天津科技领域法治化营商环境的制度建设现状、运行现况和存在问题。采用问卷调研法，设计以天津市营商法治环境评估为内容的问卷，通过网络发放问卷和现场访谈，收集科技型企业关于法治化营商环境的评价，发现营商环境建设中的问题。同时，收集科技领域法律法规，总结天津科技领域营商环境制度的建设发展状况，梳理《天津市优化营商环境条例》出台以后主要相关的法律法规和规范性文件，分析营商环境制度优化的过程、主要举措和问题。

4.1 天津市科技领域法治化营商环境建设历史脉络

《天津市优化营商环境条例》的颁布是科技领域营商环境优化的起点。自颁布以来，天津市在营商环境优化方面的建设成果日益丰富。2017年7月28日，天津市人大常务委员会发布《天津市科技成果转化条例》，该条例为促进科技成果转化提供制度环境。2019年，天津营商环境法治化取得突出成就。2019年7月31日，天津市公布《天津市优化营商环境条例》，该条例系统规定天津市的营商环境制度。其中含有诸多适用于科技型企业的制度。2020年11月8日，天津市发布《关于进一步优化营商环境，更好服务市场主体的若干措施》，力图加快打造天津市的市场化、法治化、国际化的营商环境，提升政府的政务服务水平，该措施包含科技领域营商环境的制度政策。2020年12月11日，天津市对照北京、上海等地的做法，制定《天津市优化营商环境三年行动计划》，该计划围绕政务环境、市场环境、法治环境、人文环境4个角度，出台25项内容、42条措施，希望通过三年时间，促使天津市营商环境达到市场化、法治化、国际化的一流标准。2021年、2022年，天津市营商环境优化的任务清单共211项措施，稳步推进三年行动计划。各项改革举措落地落实。尤其是2021年，天津市司法局出台了《关于进一步加强法治化营商环境建设的16条措施》，全面规定法治化营商环境建设的措施。2023年以来，天津市政务服务办公室组织市级营商环境监督员坚持问题导向，深入开展调研，查找短板弱项，提出对策建议，对于调研发现的16个问题和意见建议，转交部门办理，推动及时回应企业诉求，着力发现和解决我市经营主体面临的难点和堵点，促进天津市营商环境优化提升。

同时，科技创新方面的法律法规发挥优化法治化营商环境的功能。2021年8月18日，天津市人民政府办公厅公布《天津市科技创新"十四五"规划》，该规划中列出的发展目标指出，到2025年，创新驱动高质量发展取得显著成效，创新型城市建设取得显著进展，为建成全国先进制造研发基地、打造自主创新重要源头和原始创新主要策源地、支撑创新型国家建设做出重要贡献。该规划坚持以科技自立自强为高质量发展的战略支撑，以提升创新能力和完善创新体系为主线，着力培育战略科技力量、推动关键核心技术攻关、强化企业创新主体地位、促进成果转移转化、深化开放和协同创新、引进培育高水平人才队伍、营造优良创新生态，建设更高水平创新型城市，塑造发展新优势，为实现"一基地三区"功能定位和全面建设社会主义现代化大都市提供强有力科技支撑。

2021年9月27日，天津市人大常委会颁布《天津市乡村振兴促进条例》，该条例致力于推动乡村的营商环境建设。其中，第五十七条规定，市和相关区人民政府应当优化乡村营商环境，鼓励创新投融资方式，引导社会资本投向乡村。

2022年2月25日，天津市人民政府办公厅发布《完善科技成果评价机制的实施意见》，指出，深化科技体制改革，尊重科技创新规律，坚持科技创新质量、绩效、贡献为核心的评价导向，通过评价激发科技人员积极性，推动产出高质量成果，营造良好创新生态，为构建新发展格局和实现高质量发展提供有力支撑。

2022年3月4日，天津市发布《天津市对标国务院营商环境创新试点工作、持续优化营商环境若干措施的通知》。该通知认真贯彻中共中央、国务院关于优化营商环境的决策部署，持续打造市场化、法治化、国际化的一流营商环境，更大力度地培育和激发市场主体活力。2022年3月21日，天津市财政局公布《天津市促进科技转化后补助办法》，促进科技成果转化和技术交易。

2022年6月20日，《科技部办公厅关于营造更好环境支持科技型中小企业研发的通知》发布。该通知健全科学完善的综合评价体系，树立天津市科技型企业品牌形象，加快企业关键核心技术攻关，提升企业核心竞争力，强化企业创新主体地位，大力提升企业创新发展能力。

2022年11月4日，为贯彻落实中共中央办公厅、国务院办公厅《关于加强科技伦理治理的意见》，进一步健全天津市科技伦理治理体系、提升科技伦理治理能力、防控科技伦理风险，结合天津市科技创新和科技伦理治理实际，天津市发布了《关于加强科技伦理治理的若干措施》。

2022年，《天津市进一步复制推广营商环境创新试点改革举措的若干措施》出台。根据国务院要求，对天津复制推广、提升营商环境的措施和对策进行布置。其中关于知识产权局、科技局的任务要求反映法治化环境建设的深化。

通过系列营商环境的建设，截至2022年，天津市雏鹰、瞪羚、科技领军(培育)企业分别达到5600家、440家、300家，国家高新技术企业、国家科技型中小企业均突破1万家，万家企业法人中高新技术企业超260家，稳居全国前三。

4.2 天津市科技领域法治化营商环境建设的主要举措

依据国家营商环境的建设要求，遵循党的二十大精神和党的方针政策，根据习近平主席关于天津市"三个着力"的讲话精神和天津市委的部署，依照天津市政务服务办公室发布的《天津市法治化营商环境的优化措施》，秉持天津市社会主义现代化大都市建设的目标，近年来，天津市科技领域营商环境建设在立法、司法、执法、守法等方面形成特色鲜明的制度措施体系。

4.2.1 立法环境方面，人大、政府协同制定科技领域营商环境相关法规政策

在立法方面，通过出台政策法规，天津市促进科技领域营商环境法治化建设。天津市人民代表大会、科技局、财政局、人民政府在各自立法权限范围制定适用于科技型企业的营商环境相关地方性法规和规范性文件。

在科技成果转化方面，2017年《天津市科技成果转化条例》的出台和2022年《天津市促进科技转化后补助办法》的公布，促进了科技成果转化和技术交易，为科技成果转化提供更好的支撑。

在营商环境法治化建设方面，《天津市优化营商环境条例》从政务环境、市场环境、法治环境、人文环境、监督保障、法律责任六方面推进科技领域营商环境法治化建设。《天津市优化营商环境三年行动计划》指出，打造更加公正透明的法治环境，全面清理相关规章和行政规范性文件，加强政策制定前的调研论证和实施后的第三方评估。《天津市对标国务院营商环境创新试点工作，持续优化营商环境若干措施的通知》指出，借鉴6个试点城市的创新做法，结合天津市的实际，在争取国家部委支持并授权的基础上，对没有法律障碍的举措全部对标落实，制定健全准入和退出机制、提升投资和建设便利度、维护公平竞争秩序、优化经常性涉企服务等10个方面、109条改革措施。

在为科技型企业提供服务方面,《关于进一步优化营商环境,更好服务市场主体的若干措施》指出,加强创新创业载体建设,提升企业、高校、科研院所建设众创空间等孵化载体的质量和水平,给予政策扶持,并提供良好的金融服务,深入实施海河英才行动计划,精准引才。推动更多的银行加入线上营税互动服务平台,提升企业融资便利度,优化动产担保融资服务,完善事中、事后监管机制。《天津市优化营商环境条例》规定,鼓励金融机构为中小企业提供融资、结算等金融服务,提高对中小企业信贷规模和比重。根据天津市高成长初创科技型企业专项投资政策和政、银、保间合作机制政策,加强对天津市科技企业的金融政策支撑,为科技型企业提供融资担保。《天津市科技创新"十四五"规划》支持鼓励金融机构建立面向科技型企业的专营机构,创新金融产品,缩短审批流程,提高科技型中小企业不良贷款容忍度,加大科技担保支持力度,探索开展科技保险、科技租赁、知识产权、应收债款质押融资,拓宽自由贸易账户(FT账户)功能应用和适用范围。打造区域科技金融服务品牌,完善科技金融服务体系。建设一批专业化的科技金融对接服务平台,开展特色化科技金融培训、对接路演等服务。天津市出台助企纾困政策。为贯彻落实党中央、国务院关于扎实稳住经济的一系列决策部署和市委、市政府工作要求,围绕助力企业复工达产,方便企业群众办事,天津市制定了优化政务服务助企纾困八项措施。它们主要包括:深化涉企"一件事"集成服务、简化政府采购企业注册程序、推动惠企政策兑现落地、设立"助企纾困"服务窗口等方面。《科技部办公厅关于营造更好环境,支持科技型中小企业研发的通知》指出,以壮大科技型中小企业为基础,通过健全科学完善的综合评价体系,树立天津市科技型企业品牌形象。通过完善政府引导基金支持研发的机制,支持企业加大关键核心技术研发力度,支持有条件的科技型中小企业参与建设企业重点实验室、技术创新中心等各类科技研发机构。支持企业引才聚智,增加企业创新发展第一资源。加强对中小企业的培育,提升科技企业的核心竞争力。

在激励科技型企业进行科技创新方面,《天津市优化营商环境三年行动计划》指出,加大创新主体的培育力度,建成更多科技企业孵化器、众创空间等国家级创新平台。通过实施海河英才行动计划,加大对人才的引进培育力度。《天津市科技创新"十四五"规划》中指出,要健全科技创新法规政策体系,根据新形势适时修订制定相关科技创新法规。推动科技创新领域的依法行政,维护和保障科技创新各方主体的合法权益。加强科技、工信、教育、人社、国资等各部门政策协调和衔接。从打造战略科技力量,提升企业技术创新能力,推动科技成果转移转化,提升创新体系效能,全方位引才育才用才,营造优良创新生态五方面推动科技领域营商环境建设。天津市通过立法鼓励和支持高等学校、科研院所、行业协会和商会等面向企业家开展政策法规、管理知识、科技创新等培训,增强企业家发现机会、整合资源、创造价值、回馈社会的能力。与此相关的具体政策措施如下:

(1)着力提升自主创新能力。天津市技术创新中心面向重点领域的技术创新需求,强化技术创新与体制机制创新的结合,完善成果转化、人才激励等政策措施,促进创新资源向产业和企业开放共享,解决企业和产业的实际技术难题,为中小企业群体提供技术支撑与科技服务。实施市级的大学科技园认定政策,以具有科研优势特色的高校为依托,整合高校和社会化服务资源,推动高校向大学科技园入驻企业提供研发、培训资源和服务。利用"一带一路"科技创新合作行动计划政策,鼓励科技人文交流,欢迎部分地区和国家的科技人员来天津开展科研工作,共建联合研究中心,通过交流合作进一步提升科技自主创新能力。

(2)着力提升科技型企业创新能级。建立技术合同认定登记政策,对经认定的技术开发合同和技术转让合同免征增值税,享受国家规定的税收优惠政策。促进科技成果转化后补助政策。发布天津市促进科技成果转化后补助办法,为科技成果转化提供制度保证。制订国家级高新技术企业认定政策,对被认定为国家高新技术企业的企业进行税收减征和资金支持。通过天津市的众创空间、科技企业孵化器、国家级科技企业孵化器、天津市产业技术研究院，对绩效考核评估优秀的企业进行政策和资金支持。制订国家科技型中小企业评价政策，通过评价等级，科技型企业可以申请研发投入后补助。

（3）着力打造高水平科技创新人才和团队。通过创新人才推进计划政策，培养创新型人才，提供良好的工作环境。通过引进国外专家项目，加强高水平的科技创新合作，提供更高水平的科技项目。支持我市科技型企业引进外资人才，鼓励科技型企业聘请外国高端人才，为其办理人才签证，简化工作许可办理的程序。

（4）持续优化科技创新生态。通过科学技术推广重点项目、一般项目，制定市级科普基地认定、科普工作先进集体、先进工作者评选表彰等政策，持续优化科技创新生态环境。

4.2.2 司法环境建设方面，完善知识产权司法保护，健全多元纠纷解决机制

（1）不断加大知识产权的保护力度。天津市加强对知识产权的保护，完善知识产权保护机制，将行政保护和司法保护进行有效衔接，严格追究侵犯知识产权的侵权行为。天津市完善调解、仲裁、行政等多元化纠纷解决机制，进一步降低纠纷解决成本，依法有效化解各类民商事纠纷。《天津市优化营商环境三年行动计划》指出，加强知识产权创造、保护和运用，出台知识产权惩罚性赔偿制度等举措，打击侵犯知识产权的行为。建立起诉调对接机制，形成知识产权纠纷多元化解决机制。建成中国天津知识产权保护中心，推动新一代信息技术和新材料领域专利快速预审、快速确权、快速维权。优化法院服务，推动法院与行业调解组织、人民调解组织对接，提高案件办理质量，对金融类涉企相关案件设立专门法庭进行集中化审理。

（2）完善知识产权的涉外保护。《天津市对标国务院营商环境创新试点工作，持续优化营商环境若干措施的通知》指出，探索建立海外知识产权纠纷应对指导机制，建设国家海外维权天津分中心。提升知识产权创造、运用和保护，建设知识产权交易服务平台，促进知识产权交易，落实科技成果转化收益分配政策，赋予科研人员职务科技成果所有权或长期使用权。推进人民法院档案的电子化管理和司法传递面单电子化改革。

（3）改革审判机制。《天津市科技创新"十四五"规划》指出，强化知识产权保护，推进知识产权民事、刑事、行政案件"三合一"审判机制改革。

4.2.3 执法环境建设方面，完善行政服务、行政许可等事项，改善行政环境

科技领域营商环境的执法环境建设方面，争取及时公开相关政策。各级人民政府、有关部门制定涉及市场主体的创新创业、人才、产业等政策，应当依法公开，及时落实，并为市场主体提供解读、咨询服务。因此，科技领域政策的公开需要及时、依法实施，并通过解读、咨询传达准确。天津市加强政务诚信建设，建立健全政务诚信诉讼执行协调机制。探索建立海外知识产权纠纷应对指导机制，建设国家海外维权天津分中心。

第一，保障科技型企业减负运行。《天津市优化营商环境三年行动计划》规定，通过优化企业开办服务，扩大电子营业执照等应用，简化企业注销手续来优化企业的开办服务。因此，科技型企业的开设、电子营业执照的使用、企业注销手续的简化是行动计划的内容之一。《科技部办公厅关于营造更好环境，支持科技型中小企业研发的通知》推出完善税务环境、惠企政策"免申即享"、服务提供综合化、受理网上办理等系列举措，减少企业的运营成本。天津市推行网上办税，"天津市网上税务局"与"天津市网上办事大厅"互联互通，推进政务服务"一网通办"。实行多税种综合申报，减少纳税申报次数，便利纳

税人办税。"天津市网上办事大厅"开设"企业开办一窗通"的专区，打破部门之间的壁垒，精简环节之间的流程，实现信息之间的共享，便利企业的开办。推行惠企政策"免申即享"。印发"免申即享"政策清单，通过政府部门简政放权、优化服务、信息共享等方式，对照53项惠企便民政策，允许符合条件的企业群众免予申报、直接享受政策，最大限度地方便企业和群众办事。推进综合窗口改革。推动市政务服务中心综合窗口改革，整合部门单设办事窗口，合理设置综合办事窗口，实现"一窗受理、综合服务"。

第二，规范行政行为和政务服务。《科技部办公厅关于营造更好环境支持科技型中小企业研发的通知》规定，全面推进行政许可事项清单的管理工作。为了落实国家有关要求，天津市人民政府政务服务办公室印发《天津市行政许可事项清单（2023年版）》。其中国家行政许可事项在本地实施的总计681项，天津市地方性法规设定的行政许可事项总计14项，明晰行政许可权力边界，规范行政许可运行，为企业和群众打造更加公平、高效的审批环境。加速推动政务服务的标准化、规范化、便利化。天津市人民政府制定《天津市关于加快推进政务服务标准化、规范化、便利化的实施方案》，对审批服务行为、政务服务场所设立、网上办事服务等5类12项政务服务内容进行调整，提出"免证办"服务、"就近办"服务等7项便利化举措，编制3508项操作规程，进一步推进政务服务运行标准化、服务供给规范化、企业群众办事便利化。

4.2.4 守法环境建设方面，改进宣传制度和信用制度，加强监督体制建设

第一，完善科技型企业的科技伦理治理。为健全科技伦理治理体系，提升科技伦理治理能力，防控科技伦理风险，推动科技向善，天津市科技局会同市有关单位研究制定《关于加强科技伦理治理的若干措施》。该措施重视科技伦理教育、强化科技伦理培训、加强科技伦理宣传。通过健全科技伦理治理体

系，深入开展科技伦理教育宣传，进一步提升创新主体科技伦理意识，引导科技人员自觉遵守科技伦理要求。推动科技人员主动学习科技伦理知识，增强科技伦理意识，自觉遵守科技伦理原则，坚守科技伦理底线，抵制违背科技伦理要求的行为。推动科技向善、造福人类，提升科技主体的科技伦理意识，营造良好的科技领域守法营商环境。

第二，加强科技型企业的信用制度实施。《天津市优化营商环境三年行动计划》加强信用体系建设，提升信用信息共享平台功能。开展行业信用评价，完善信用信息归集共享服务。因此，科技型企业的信用信息管理和利用有助于守法环境的建设。

第三，加强科技型企业的营商环境宣传。《科技部办公厅关于营造更好环境、支持科技型中小企业研发的通知》要求在守法建设方面加大科技营商环境的政策宣传。制作一图读懂、专题视频片等多媒体宣传介绍材料，利用政务网、微信公众号等媒介，加大政策宣讲和业务培训力度，主动对接服务企业，让企业对科技政策"应知尽知"，及时兑现科技扶持政策。通过这些宣传措施，提升科技型企业对政策的理解和认知程度。《天津市科技创新"十四五"规划》指出，贯彻落实国家和本市关于科技进步、促进科技成果转化、科学普及等法律法规，加大宣传普及力度。

第四，加强科技型企业的科技创新普及。《天津市科技创新"十四五"规划》指出，加强学风和作风建设，大力弘扬科学家精神，讲好科学家故事。营造尊重创新、尊重人才、尊重知识、宽容失败的良好创新文化氛围。全面加强新时代科技创新宣传，提升全社会对天津科技创新发展的认识。加强科研诚信建设，完善科研诚信信息系统建设，强化科技界联合惩戒机制，完善与市级信用信息平台以及其他社会领域信用信息共享机制，营造风清气正的良好科研环境。坚持把科学普及放在与科技创新同等重要的位置，推进全域科普向纵深发展。加强科普场馆、基础设施和信息化建设，启动天津科技馆新馆建设，完成天津市现代科技馆体系建设。进一步推动科普全媒体智慧传播，不断丰富科普传播渠道。大力培养科普人才队伍，实施重点人群科学素质行动，全面提升公民科学素质。

第五，加强科技领域监督管理体制。《天津市科技创新"十四五"规划》提出科技监督体系，不断增强科技监督的规范性和科学性，建立事前承诺、事中监督、事后绩效评估的监督管理机制，强化法人主体责任，建立随机抽查和专项评估制度，加强对科技项目的监督检查，进一步优化科研监督管理。

4.3 天津市科技领域法治化营商环境的主要问题

为了实现经济高质量发展，增强科技创新能力，提高科技领域营商法治环境的建设质量，有必要按照立法、执法、司法、守法的法治要求，根据科技型企业全生命周期内相关市场行为的特点，完善减少制度性交易成本的、系统完整、合法有效、执行到位的制度环境。通过走访典型科技型企业，结合相关报道材料，可以归纳科技领域法治化营商环境存在的主要问题，按照立法环境、执法环境、守法环境、司法环境进行分类应对。

4.3.1 立法环境问题

天津市科技领域营商环境建设在立法环境方面取得显著成效。天津科技型企业的立法过程坚持科学规划、协同合作，结合科技型企业分布产业的发展开展地方立法。但是，就科技型企业营商环境这一立法主题而言，按照科学立法、民主立法的理念和目标，其立法缺乏顶层设计，系统性还有不足，可操作性有待增强，民主参与还不充分。

（1）科技领域营商环境的立法缺乏系统性。科技型企业营商环境立法是一个系统工程。目前，天津市围绕科技型企业营商环境优化开展的地方立法规划和立法工作没有充分贯彻系统性思维，缺乏顶层设计。表现为：缺乏关于科技型企业营商环境的专门立法规划；既有的科技型企业营商环境相关的法律法规政策制定分散零碎，不够集中，有关科技领域营商环境的规范性文件散落在科技局、财政局和税务局等部门；科技型企业和科技型人才对营商环境法律法规的认知呈现碎片化的特点；各地方性法律法规内部缺乏协调，难以形成有机统一的体系和形成推动科技领域环境建设的立法合力。例如，天津市现有有关营商环境的地方性法律法规缺乏对科技型企业的关注。目前只有《天津市优化营商环境条例》第三十一条针对科技型企业创新创业的特点做出规定，即天津市完善创新创业环境，强化创新创业服务支撑。天津市人民政府办公厅发布的关于营商环境的政策文件没有将科技型企业和科技领域营商环境作为主题。

（2）科技领域营商环境的立法缺乏操作性。立法的可操作性不强，缺乏明确的规则和配套的实施细则。以科技型企业为调整对象的立法条文部分不够完善。切实可行的实践经验尚未上升为制度成果。比如，天津市人大发布的《天津市科学技术进步促进条例》第17条规定，有关金融机构应当在其业务范围内对天津市重大科技专项等国家鼓励的企业自主创新项目进行重点支持。但是，条款中没有明确规定，金融机构应该给符合什么条件的企业予以支持、给予企业什么样的支持、支持的项目有哪些。实施存在适用不明的情况，给企业申请创新项目支持带来不便。由于立法只给出原则部分的规定，政策具有导向性的作用，但缺乏具体的可操作性，实际适用比较困难。

通过完善相关重要制度增强可操作性。在天津市《优化营商环境条例》和《天津市科学技术进步条例》为基础的科技领域法律法规体系中，法律责任的认定少，没有对挪用、贪污、克扣科技项目款项等科技有关的违法责任。例如，政府科技财政投入方面和企业组织违背法律申领科技项目补助金等的法律责任设定还未明确，难以起到真正促进科技领域营商环境建设的法律作用。

（3）科技领域营商环境的立法缺乏及时性。科技型企业具有市场发展迅速、产品更新换代快等特点。这要求立法具备及时性和前瞻性，最大程度解决立法滞后的问题，提高立法的科学性。2019年，天津市制定《优化营商环境条例》。这比国务院出台的《营商环境条例》时间要早。《优化营商环境条例》的条款已经不适应现在的经济发展，建议重新修改。编撰体例上，该条例和国务院《优化营商环境条例》有出入。科技领域营商环境方面的专门立法更少。天津市科研经费的来源、管理和使用无法可依，相关科研机构的权利、义务、责任及其不同的法律地位等缺乏法律规范。科技领域的行政执法和政务服务方面的相关经验和做法，尚未及时有效地通过立法程序上升为法律法规。司法机关在审理涉及科技领域市场主体的案件时，虽然采取司法上的创新举措，但是立法机关尚未将创新举措转化为法律。

（4）科技领域营商环境的立法缺乏民主性。公众参与立法的渠道不畅通，立法公众参与度不高。由于科技领域自身专业化、领域化的特点，需要重视专家、学者在起草过程中的作用。但是多年来，绝大多数法规由政府部门起草，较少注意发挥专家、学者在立法中的作用。公民参与立法机制欠缺，表现在科技型企业参与立法旁听的程序不健全，公民无法参与立法，及时了解立法过程并有效监督立法。课题组调研显示，29位受访者表示，没有参与过立法调研或者听证。12位受访者参与过。这表明科技领域立法的参与还有所欠缺，覆盖面过小。

4.3.2 执法环境问题

良好的科技领域执法环境为科技型企业的发展保驾护航。目前，天津市科技领域营商环境在执法层面还存在政务服务和科技基础设施不完善、企业税费负担重、科创机制不灵活、融资贵融资难等问题。

4.3.2.1 政府科技领域政务服务不够完善

首先，天津市现有的科技法律、法规中相关的政策缺乏明确的实施主管部门,存在有法不依、执法不到位的现象。例如,天津市《科学技术进步促进条例》第七条规定:市和有农业的区、县人民政府及其有关部门应当加大农业科学技术资金投入,促进农业科学技术集成配套和成果转化,发展设施农业,建设都市型农业。但是有关部门没有明确具体地指出,相关后续的法律责任如何认定、具体政策由谁来实施等一系列问题。

其次,科技行政部门权责不明、协同不足。现有科技领域的法律法规内容模糊,涉及面宽,执法机构和执法人员的自由裁量权较大。天津市没有专门规定科技行政部门的执法权限,没有出台科技行政处罚的自由裁量权细则。行政执法没有完全实施"双随机""一抽查"。一刀切执法问题仍然存在。现行科技领域法律法规中的不少内容模糊、涉及面过宽、解释和执行任意性强。这可能导致执法机构或政府官员滥用职权。天津市也没有明确规定对科技相关事项设立专门的主管部门进行监管。例如,对科技领域专项计划的基金去向进行详细的调查取证,进行投资后回访等。科技行政部门协同不足。营商环境作为系统工程,需要相关部门合作建设。事实上,政府相关部门各司其职,各自为政的情况依旧存在。部门之间的专门沟通和协作机制较少。政策出台和实施的协同实践较少。部门之间共同协调出台的科技营商环境规范性文件数量偏少。

最后,科技营商领域政企沟通不足。政策文件的制定和实施缺少对科技型企业的调研。政府与科技型企业之间还没有建立制度化的沟通机制。企业和行政部门相互之间的信息交换不平等、不顺畅,没有形成优化法治化营商环境的共建格局。政府主体作用发挥不足。政府是营商环境的第一责任人。政府各个部门之间的协同性还有不足。各部门各自为政的情况比较严重。各部门之间的沟通和协作少,阻碍营商环境的整体提升。各个政府部门加强合作,避免政策重复。行政机关为科技型企业实施行政行为和提供政务服务时,缺少针对性。政府不能准确及时认识到科技型企业的法治需求。例如,在科技型企业科技成果的转化方面,在知识产权保护和科技型企业上市过程中,行政机关与科技型企业的沟通不足。为科技型企业提供的政务服务，不能完全满足企业的需求。

4.3.2.2 科技基础设施建设、管理和使用需要完善

科技基础设施是科技创新的重要物质基础。天津市的科技领域营商环境基础设施建设有待健全。例如，科技成果展示厅、科技成果信息共享平台、科技库等。我国重大科技基础设施建设在起步相对较晚、财力相对有限、水平相对不高的情况下，大多以跟踪模仿和追赶西方发达国家为主。但是，总的来说，重大科技基础设施数量很少。重大科技基础设施开放共享，可吸引高水平用户开展科研。但是，在公共实验平台类的设施上，科研用户自发申请使用设施，围绕国家紧迫的战略需求、开展定向性科学问题牵引的建制化研究不多，从而制约依托设施开展高水平科学研究、产出重大原创成果、解决关键核心技术问题的能力。重大科技基础设施是国际合作的重要平台。我国重大科技基础设施在国际合作上还存在不足。天津的科技基础设施建设排名靠前。据统计，天津市的科技基础设施排在全国第6名❶。但是，重要的科技基础设施还需要加强。科技基础设施的管理使用制度上需要进一步完善。目前，天津缺少关于科技基础设施建设、管理和使用的政策法规。

4.3.2.3 科技领域政策落实存在问题

科技领域政策的落实不充分主要由于科技领域政策的稳定性和连续性不强，进而导致政策的实施存在阻碍。政府出台的相关政策文件具有临时性，企业无法对制度形成稳定的预期。相关政策还缺乏连贯度。政策文件制定实施后，缺少效果评估的研究。政府部门和科技型企业之间的沟通渠道有限单一，尚未健全。企业面临的困难无法及时反馈，难以迅速回应和解决。政府与市场主体之间难以形成互信互助的政企关系。由于政策的稳定性和连续性不强，优惠政策的实施存在阻碍。政府实行地方优惠政策，鼓励科技领域企业健康发

---

❶ 李立威、陶秋燕：《我国科技基础设施的空间分布、运行效率及区域差异性评价研究》，《科技促进发展》，2019，15（4）：384-392。

展。但是,在政策的运行过程中,企业申报流程复杂,提交资料手续冗杂,具体要求和审核程序缺乏科学性和透明度。这导致科技型企业依法享受的地方优惠政策难以落实。各级政府部门对企业的政策举措出台多,但是效果不尽理想。部分企业对相关的政策了解不全面、不及时、不准确,兑现程序复杂。

4.3.2.4 科技型企业融资难

融资和税收环境不够完善。科技领域的民营企业、小微企业仍然面临融资难问题。首先,科技型企业融资渠道狭窄单一。科技型企业在股票和债券市场难以获得准入资格,并且很难内部融资。其次,科技型企业融资成本较高,贷款风险高,并且很难形成规模。例如,总部位于天津市滨海新区的全和诚公司是国家高新技术企业和"专精特新"的"小巨人"企业,固定设备较少,生产设备以租赁为主是一家发展潜力较好的科技型企业。在企业研发中,需要大量资金。但是,传统的融资租赁模式无法快速筹到资金。全和诚公司的融资需求引起多家租赁公司的关注。但是,经分析认为,现有模式的合规风险太高。因为,一旦作为租赁物,就要转移知识产权的所有权并办理登记。企业如果选择转让核心专利,将严重影响企业的价值,极有可能不会再被评为高精尖企业。如果转让非核心专利,融资租赁企业又不愿意为无价值的"物"出资。在实践中还有"二次授权"模式。企业将专利授权给融资租赁公司。但是,由于授权可以多次进行,不存在唯一性,存在极大的法律风险。选择转让模式,融资企业不愿意。选择别的方式,融资租赁企业则面临着合规风险。这样不仅要承担被认定为借贷的资金损失,还极有可能面临处罚和评价降级。

4.3.2.5 企业税费负担重

政府的税费及行政性收费对企业形成负担,需要对企业"少取多予",减轻企业税收和缴费负担。天津市目前减税降费的政策较为优越。但是,企业所得税的税负依然相对较高。根据2008—2020年我国各省份的税收收入概况统计,天津市的税收收入在全国占据较前地位。这表明,科技型企业在内的企业税费负担依然较重。天津市的科技型企业在企业的注册、成立、科技研发、科技成果转化中经常遇到各种税费的收缴。

4.3.3 司法环境问题

天津市科技领域营商环境在司法方面存在的问题表现为涉外法律服务存在空缺、司法机构运作不够灵活、司法资源分配不够合理、科技型破产案件审理不规范、知识产权纠纷仲裁机构影响力不够。

4.3.3.1 涉外法律服务存在空缺

涉外法律服务方面能力不足。虽然天津市有相关的涉外法律服务中心，但是和上海、北京等城市比较，天津涉外法律服务人才数量偏少，从事知识产权涉外法律服务的人员严重不足。滞后的涉外法律服务能力不利于科技型企业涉外法律纠纷的解决，制约涉外业务的拓展。❶

4.3.3.2 司法机构运作不够灵活

科技类纠纷审理能力不足。科技型企业的财产主要是知识产权等财产，因此企业破产处置时，需要注意知识财产价值的时效性。事实上，天津严格遵守破产程序，办理时间过长，程序过于复杂。能够胜任知识产权审理任务的法官数量少，影响知识产权案件三审合一的改革。"僵尸企业"出清进度缓慢，企业破产重整的拯救功能尚未完全发挥。针对一些陷入困境、仍然具有经营价值的科技型企业的保护和救治，没有取得良好的效果。

4.3.3.3 司法资源分配不够合理

司法资源分配不合理。许多法院对调解的重视度不强，认为调解削弱法律的权威。基层案件数量较多，司法人员数量与案件数量的配比不均衡，不合理

---

❶《我国涉外法律服务展现地域特色　北京律师人才数量全国领先》，中国青年报，2019-12-02。

降低矛盾纠纷解决效率，妨碍商事纠纷的快速化解。❶

4.3.3.4 科技型破产案件审理不规范

天津市没有与科技领域相关的典型案例可以借鉴。并且，科技型企业的破产成功率低，相关部门办理破产不够规范。需要推动将全市破产案件纳入北京市破产法庭审理。部分企业认为各类市场主体不能得到平等保护，部分企业认为知识产权等各类产权及企业家合法权益不能得到有效保护，部分企业认为企业破产等案件的办理质量和效率不高。其中，市场主体反映最为强烈的是破产清算等涉企案件办理时限过长、经济社会效果不佳。市场主体比较重视司法活动的质量和效率。涉企案件如果久拖不决，企业将会被拖垮，丧失资产重组的机会。司法效率和司法公正都很重要。这是涉及市场主体根本利益的问题。

4.3.3.5 知识产权纠纷仲裁机构影响力不够

整体上看，我国知识产权仲裁机构未形成规模化、制度化、专业化的运行模式，业务重点不够突出，化解知识产权纠纷的能力还有待提升。当事人对于选择仲裁解决知识产权纠纷的认可度不高。天津市没有专门的知识产权仲裁机构，不利于推动仲裁制度扩大服务范围，限制用仲裁化解知识产权纠纷，进而影响天津市知识产权纠纷案件的分流和多元化解决。另外，仲裁机构的业务能力、专业水平以及运行机制等方面的不足，潜在地影响社会公众对知识产权纠纷仲裁的认可度。

4.3.4 守法环境问题

天津市科技领域营商环境在守法方面存在的问题表现为法治宣传不到位、信用体系建设不完善、缺乏企业家精神和创新精神、科技领域人才培养机制不够完善。

---

❶ 李静：《天津市高级人民法院工作报告——2024年1月24日在天津市第十八届人民代表大会第二次会议上》，《天津日报》，2024-03-19（3）。

4.3.4.1 法治宣传不到位

科技领域法治化营商环境宣传不到位。首先，从天津市科技领域营商环境相关的政策性文件来看，很少专门针对科技型企业开展法治宣传的措施。其次，调研显示，营商环境法律政策宣讲、答疑会开展次数少，宣传范围小、覆盖面窄。很多科技领域的企业和技术人才并不知晓相关政策。最后，天津市人民政府等相关政府的官网没有科技领域营商环境建设信息的相关推送，也没有单独的栏目对政府相关政策、法律法规、市级项目进行介绍。天津市公职人员守法服务意识整体较强，企业诚信守法氛围较浓厚，涉企的矛盾纠纷基本上都能得到有效防范和依法化解。但是，部分市场主体认为公职人员守法意识和服务意识不强。部分认为当前企业诚信守法的氛围不浓厚。部分涉企矛盾纠纷较少能得到有效防范和依法化解。科技型企业侵权行为案件时有发生。这说明天津市在科技领域法治化营商环境中的法治宣传力度可以进一步增强。

4.3.4.2 信用体系建设不完善

科技类纠纷的审理能力不足。科技型企业的财产主要是知识产权等财产。因此，企业破产处置的时候，需要注意知识财产价值的时效性。事实上，天津严格遵守破产程序，办理时间过长，程序过于复杂。司法程序的烦琐和裁判结果的不统一削弱市场主体对法治化营商环境的信任。另外，有关知识产权侵权纠纷审判的尺度缺乏统一影响司法公正，降低司法公信力。

4.3.4.3 缺乏企业家精神和创新精神

科技型企业领域的企业家精神和创新精神不足。相对于北京、上海、广州，天津市的高科技企业数量上还有不足。天津市的科技型企业及其科研人员从事科研和市场竞争，难以应对很多的新生问题，经营和发展理念落后，产品的技术含量不高，与其他同行相比竞争力不够高。企业是社会机构。企业家的决策应当考虑社会生活的改善并且满足社会需要。企业家的精神包括使命担当的至善精神、依道而行的敬畏精神、共荣共创的利他精神❶。弘扬企业家精神能够有效促进企业数字技术创新。企业家精神通过发挥研发效应、人才效应、治理效应，显著促进企业数字技术创新。弘扬企业家精神对非国有企业、成长期与成熟期企业，以及知识产权保护力度强、创业活跃度高、政府对数字化关注度低地区的企业数字技术创新影响更突出❷。

4.3.4.4 科技领域人才培养机制不够完善

天津市科技创新的人才队伍质量较好，但是人才吸引力较低。制约科技领域企业发展的人才问题包括创新结构短缺和劳动力结构失衡。天津市采取的人才培养机制校企衔接不够紧密。科技人才毕业后缺少充分的就业机会，不得不去其他城市就业。天津市高校人才培养方案不能完全适应企业需求。高校培养体系的目标定位偏离既懂科技又懂市场的创新型人才，企业、高校、社会协同培育创新型人才的格局尚不完整。调研显示，特定行业的科技型企业需要的技术人才依然缺乏，人才政策需要更加有针对性。人才安家落户配套制度方面，人才的居住保障条件、住房补贴面积、经费支持数额、申请材料程序等规定都欠明确。知识产权的研发转化方面的激励政策缺乏。

---

❶ 陈欢欢、刘辉：《企业家精神与企业伦理决策》，《合作经济与科技》，2024（14）：125-127。

❷ 金环，蒋鹏程：《企业家精神的数字创新激励效应——基于数字专利视角》，《经济管理》，2024，46（3）：22-39。

第5章 科技领域法治化营商环境的国外比较
——以美、日、英为例

科技型企业的营商环境法治化是系统工程。为了完善天津的法治营商环境，国外的建设经验往往是比较的对象。为此，本章选择英国、美国和日本营商环境法治化建设的经验作为样本，采用比较研究方法，比较典型国家科技领域营商环境优化的制度措施，按照立法、司法、执法、守法的角度分析值得借鉴的经验，研讨天津市优化建设的相应措施。

根据2022年科技创新指标的世界排名，美国、英国和日本都超过我国，居世界前列。制度构成的营商环境是科技创新的重要影响因素之一。因此，系统比较典型国家的科技领域营商环境组成部分的制度体系，是完善天津相应科技营商环境的必要工作之一。

5.1 美国科技领域营商环境法治化

5.1.1 美国立法环境

立法环境主要是指法律制度制定程序的低成本和法律制度体系完备。美国科技创新和市场的制度建立较早，也取得了相应的立法效果，针对科技领域的市场问题形成法律方面的解决范例。同时，美国通过系列立法，建立起主要支持科技型企业经营的制度体系。具体包括科技型中小企业专项补贴制度、财政担保制度、税收扶持制度、融资促进制度、孵化器制度、破产制度。

5.1.1.1 推动科技创新的立法进程概览

从推动科技创新方面看，美国在建国之初的《美国宪法》中就明确了科技创新的宪法地位："为了奖励科学和实用技艺的进步，对作家及发明家对其作品及发明在限定期内的专有权进行保障。"1980年美国国会通过了《小企业经济政策法》，规定总统每年要向国会递交有关小企业技术创新和提供新的就业机会等方面的情况。美国政府倾听了小企业因缺乏资金，希望政府加大对其扶持力度的需求。1982年《小企业创新发展法》应运而生，并依此制定了《小企业创新科研计划》，鼓励小企业挖掘自身技术潜力，为创新技术、产品和服务的起步与研发阶段提供财政支持，并鼓励其商品化，与大公司竞争。此外，美国还颁布了《商品澄清法》《拜杜法案》等法律，鼓励小企业完善知识产权管理和保护，并与政府和非营利组织紧密合作。进入21世纪初，美国政府对《小企业创新发展法》又进行了补充修订，并将创新科研计划的法律时效延续至2008年9月30日。伴随着科技水平的飞速发展，美国在2021年又通过了《美国创新与竞争法案》，所涉及内容十分宽泛，集成产业、科技、安全、外交、教育等多个方面，共涉及2500亿美元的投资。它主要包括6个部分：芯片和开放式无线电接入网（O-RAN）5G紧急拨款，无尽前沿法案，2021年战略竞争法案，国家安全与政府事务委员会的规定，应对中国的挑战法案和其他涉及国家安全问题风险规避，以及支持STEM教育的政策举措等。这一法案是美国近年来科技产业政策频繁变革的缩影，显示出美国在转变产业创新政策思路，重塑国家创新体系，维护先进技术全球领先地位方面"再出发"的坚定决心。2022年，美国国会通过《2022年SBIR和STTR延长法案》。该法案继续支持小企业创新研究和小企业技术转移研究。2022年1月，美国总统又签署了《2022年保护美国知识产权法案》，随后正式成为美国法律，使美国行政机关可以不经法院审理，而直接对参与窃取属于美国商业秘密的某些外国个人和实体实施制裁。

5.1.1.2 科技型中小企业专项补贴制度

从科技型中小企业专项补贴制度来看，补贴制度是美国激励科技型企业，尤其是科技型中小企业的重要法律制度之一。该制度通过政府引导，设立各类基金，分担企业科研创新的风险和成本。具体来说，一方面，美国主要有两类中小企业专项基金，一类用于鼓励中小企业产品创新和吸纳就业，如专项科研成果研究与开发基金、产品采购基金、中小企业创业基金、失业人口就业基金等。还有一类用于帮助中小企业降低市场风险，如财政专项基金、风险补偿基金、特殊行业再保险基金等。比如，《小企业创新发展法》及两项计划规定，每年研究开发经费超过1亿美元的政府部门要将财政预算的1.3%用于支持中小企业开展技术创新和开发活动。这项法律制度已帮助数千家美国小企业争取联邦研究开发资金。这些小企业的创新技术和产品在加强国防能力、环境保护、促进大众卫生保健，以及信息和数据管理等方面做出贡献。同时，设立中小企业创业研究基金，将国家科学基金会与国家研究开发经费的10%用于中小企业的科技创新。另一方面，美国设立财政政策向中小企业提供低息贷款。贷款额度很小的时候，由财政补贴贷款利息，支持商业银行向相关中小企业贷款。同时，资金需求额较大的公司由财政向风险投资公司提供低息贷款，再由风险投资公司对资金进行管理。

5.1.1.3 财政担保制度

从财政担保制度来看，美国的科技型企业，尤其是中小企业扶持制度中，财政担保制度，专门指向中小企业发展的财政担保实践发挥良好作用。针对中小企业信用基础薄弱的问题，政府建立信用担保或者保险机构，向中小企业提供信用支持。美国建设联邦信用担保为主体，州政府和社区的区域性信用担保为辅助的信用担保体系，为中小企业提供信贷担保。为了加强对中小企业技术创新的宏观管理和指导，经美国国会授权，1953年以来．美国政府一直设有专门从事中小企业管理的"小企业管理局"，该机构直接对总统负责。美国小企业管理局（SBA）的主要任务是以担保方式吸引银行向中小企业提供贷款。银行承担企业违约时的部分责任，并且规定可以自由转让担保权。

5.1.1.4 科技型企业税收扶持政策

从税收扶持政策来看,税收支持有助于降低科技型企业从事科研的制度性成本。美国的科技型中小企业享有税收优惠。在20世纪40年代初,美国就开始对中小企业实行税收优惠政策,经常做出调整。美国联邦政府通过颁布一系列法律法规,给小企业创新开发较大的减税空间和发展空间。比如,1986年,美国的国内税收法规明确规定,各类科研机构是非营利机构(包括官方资助的和非官方的),免除纳税义务。研发经费比上一年增加的商业性研发机构和主体可以获得新增值为20%的退税,实现特别的科技税收优惠,以及企业科研经费增长额税收抵免等。设备购买方面,如果购买的新设备使用年限在5年以上的,购入价格的10%可以抵扣当年应当缴纳的税额。如果设备法定使用年限为3年,税款抵免额为购入价格的6%。到2020年,美国加大科技研发税收优惠的政策力度。一是对新办企业,凡营业额达到2000万美元的,可以每年给予500万美元的限额直接抵免社保税,时限8年;二是将企业新增研发费用抵免企业所得税额的比例由14%提高到28%。另外,为了支持针对中小企业的风险投资基金发展,风险投资总额的60%可以免除所得税,税率从1970年的49%下降到20%。

5.1.1.5 科技企业融资制度

从融资制度来看,科技型企业的科研风险不确定,盈利预期不可控。因此,融资素来是瓶颈。市场融资措施成为美国科技企业发展的推动力量。纳斯达克股票市场专门为小型科技企业提供直接融资。同时,各类风险基金面向高新技术型小企业提供服务支持制度。企业市场创新需要资金、技术、管理等各方面的信息,从而提高创新速度。为了降低信息成本,提高规模效应,美国积极建设创新服务机构,为科技型企业提供服务平台。在孵化器(incubater)方面,美国最早建立相关的建设运营制度体系。美国各州立法调整孵化器的设立和运营。政府创办孵化器,并通过市场方式管理。并且设立风险投资基金,建立企业和投资者之间的信息沟通机制，保证资本供应和创新需求对应。同时重视培养管理人才的专业能力，配备经验丰富的人员队伍。

5.1.1.6 科技企业破产制度

从破产制度来看，美国《破产法》针对知识产权案件当事人做出特殊规定。根据该法，当知识产权许可人进入破产程序、破产管理人选择继续履行许可合同的时候，被许可人有两种选择。一是接受破产管理人拒绝履行合同的决定，二是在授权期内继续使用破产案件开始前存在的知识产权，承担相应的义务。换言之，被许可人可以选择接受债务人不再履行知识产权许可合同的决定，此时许可合同视为终止，被许可人不再拥有继续使用知识产权的权利，但可以与普通无担保债权人一样对债务人享有损害赔偿请求权等其他权利。被许可人也可以选择保留知识产权，此时破产管理人即使拒绝履行合同也无济于事，被许可人仍然有权继续合法使用该知识产权。

5.1.2 美国司法环境

美国构建促进科技创新创业的司法环境，形成"337"调查机制，组织版权索赔委员会，完善企业纠纷解决机制，成立联邦巡回上诉法院。具体包括：

5.1.2.1 "337"调查机制

通过准司法的联邦机构，开展科技产权的"337"调查。美国国际贸易委员会（USITC）是美国国内一个独立的准司法联邦机构，拥有对与贸易有关事务的广泛调查权。其职能主要包括：以知识产权为基础的进口调查，并采取制裁措施；产业及经济分析；反倾销和反补贴调查中的国内产业损害调查；保障措施调查；贸易信息服务；贸易政策支持；维护美国海关税则。

5.1.2.2 组织版权索赔委员会

组织版权索赔委员会，方便快捷解决版权侵权纠纷。2020年12月，国会通过2020年小额索赔执法法案（CASE）中的版权替代方案。该法案要求在美国版权局成立新的版权索赔委员会（CCB）。CCB是一个由三人组成的仲裁庭，它提供一种高效、便捷、具有成本效益的方式来解决某些标的不超过3万美元的版权纠纷，而无需向联邦法院提起诉讼，因此CCB又称为"小额索赔委员会"。CCB原计划于2021年底开始审理案件，但因审理程序的争议而被推迟。2021年12月8日，美国版权局提交了一份关于拟议规则制定的通知。拟议规则提供了有关程序实践、日程安排、会议、证据开示、书面证词、听证会、和解、小额索赔、违约和未能起诉、记录、裁决后程序和各方行为的要求。

5.1.2.3 完善企业纠纷解决机制

优化多元化的企业纠纷解决机制，积极发挥调解、仲裁在科技纠纷化解中的作用。科技型企业常常发生知识产权纠纷。在美国，这些纠纷的解决主要依靠律师团队在纠纷当事人之间的协商谈判。美国替代性纠纷解决机制在化解矛盾中发挥了和司法制度同等重要的作用。主要的替代机制是仲裁和调解。首先，调解能够缓解知识产权法适用的复杂烦琐问题。因此，美国部分州鼓励使用调解机制。加利福尼亚北区法院把所有的专利案件提交到替代性纠纷解决机制项目，调解是其中一种机制。得克萨斯州的东区法院，每一个专利案件都要求在进展单上有调解。德拉瓦尔地区法院安排一名行政法官，专门负责包括专利案件在内的纠纷。

5.1.2.4 成立联邦巡回上诉法院

完善科技案件的司法管辖制度，便利科技纠纷的司法审理。美国于1982年成立一个特殊的上诉法院——联邦巡回上诉法院。其管辖范围包括美国所有各州联邦地方法院审理专利侵权案件的上诉案件以及对美国专利局驳回案件的上诉案件。该法院成立以来，每年都会做出大量的关于专利的判决。它的判决通常被认为是对于美国专利法的权威性的解释。

5.1.3 美国行政环境

美国关于科技创新的行政服务、行政执法等制度体系较为完备。行政服务方面，主要是通过完善的金融等服务促进企业发展。

5.1.3.1 成立硅谷银行，为科技型中小企业提供金融服务

美国"硅谷银行"专门重视高科技初创型企业的资金需求。特定的银行处理金融问题更为专业熟练。硅谷银行除债权投资外，还开展股权投资。质押品不存在于初创企业中。硅谷银行不采纳实物资产质押，重视高科技公司的技术优势，允许企业在初创研发期间以专利技术等知识产权作为抵押担保。产品进入市场后，公司形成应收款项的时候，该应收账款可以作为抵押替代知识产权。硅谷银行要进一步提高授信等业务的综合收益，必须通过参与和投贷，分享股权增值收益。

5.1.3.2 成立美国国家科学基金会

成立美国国家科学基金会（NSF），为科研提供专门资金。NSF于1950年由美国国会设立，属于美国独立联邦机构。它是美国最重要的科学决策机构之一。它的中长期科学研究投资方向影响全球科学的发展。在数学、计算机科学和社会科学等许多领域，NSF是联邦政府支持资金拨付的重要渠道。2022财年，NSF年度预算88亿美元，提供资金约占联邦政府基础研究支持资金的25%。

5.1.3.3 建立中小企业管理局

建立中小企业管理局，提供风险投资服务。它的主要任务是：第一，提供贷款担保。美国中小企业管理局（SBA）对中小企业10万美元的贷款提供80%的担保。2008年，SBA提供了69434个贷款担保，金额达127亿美元。第二，实施认证发展公司（CDC）贷款计划。CDC是政府支持的非营利性贷款公司。目前美国共有270家。每家CDC服务于一个特定地区，与私人金融机构合作向中小企业提供贷款服务。2008年，CDC共批准8883项贷款，总金额达53亿美元。第三，进行小额贷款计划。通过地方社区中介贷款组织向中小企业提供单笔不超过3.5万美元的贷款。贷款资金由SBA提供给分布在全国

的170余家贷款中介组织。为支持中小企业获得风险投资支持，SBA在全国实施"小企业投资公司计划"（SBIC计划）。SBA为专业的风险投资者发放成立SBIC执照，并向SBIC公司投入部分资金，再由SBIC向中小企业进行风险投资支持。SBIC收回投资后向SBA偿还投入并支付相应利润。目前，全美共有370家SBIC公司。2008年，这些公司投资总额超过24.3亿美元，投资2121家中小企业的3400个项目。

5.1.3.4 政府采购

通过在政府采购中纳入中小企业，保证中小企业创新创业。在保证采购公平的前提下，美国政府采购特别强调鼓励中小企业创新创业。尤其在高科技领域，政府更希望科技型中小企业获得发展机会。因为，科技型中小企业不仅有利于解决就业，更能够依靠其发展提升整个国家经济的活力和竞争力。实践中，美国政府相对平等地对待中小企业与大企业，允许美国小企业直接参与申请政府投资项目承包，顺利地从创业孵化器转入正常的成长期，防止因为大企业的垄断夭折。1942年，美国《小企业法》出台。该法要求，政府采购项目及其合同必须要有一部分按比例分配给中小企业。这标志着联邦政府向小企业提供实质帮助。

5.1.3.5 多层次的行政监管

美国对科技的行政监管主要依托行政机关，为科技创新活动提供安全可靠的营商环境。由于知识产权产业对美国非常重要，联邦政府中有许多机构直接或辅助从事知识产权执法工作。例如，商务部及其下属的专利商标局，司法部及其下属的检察官办公室、联邦调查局，国土安全部及其下属的移民和海关执法局、海关和边界保护局，食品与药品管理局，邮政检查服务局，版权局，国际贸易委员会及美国贸易代表办公室等等，均从不同角度，为知识产权执法服务。其中，美国关于科技创新的特别机构包括：

（1）白宫科技政策办公室（OSTP）。OSTP就与科学和技术有关的所有事项向总统和总统办公厅提供建议；与联邦政府各部门和机构以及国会合作制定科技政策，帮助联邦政府各职能部门和机构落实总统承诺及优先领域。

（2）总统科技顾问委员会（PCAST）。PCAST作为科技咨询机构支撑科技决策，负责广泛凝聚社会共识，就科技战略问题吸收外部专家的意见，向总统提供建议。其成员不是政府专职雇员，而是来自政府外的科学家、工程师或企业家，义务服务，不领取报酬。以成立工作组的方式对特定科技项目进行调研、评估并直接对总统汇报和提议。美国能源部为其提供行政服务和资助。PCAST的主席通常由OSTP主任和学者联合担任，是白宫和学术界之间的桥梁。

（3）管理和预算办公室（OMB）。OMB设在总统行政办公室，职责是平衡各部门预算（含优先科技领域预算），主要负责和OSTP联合发布优先事项备忘录，阐明科技预算的优先领域，共同编制科技经费预算指南，指导各部门根据预算指南编制本部门预算。各部门在编制预算期间要与OSTP保持沟通，由OMB对其预算进行协调和平衡形成预算草案，呈报总统形成总统预算请求。预算请求提交给国会后，OMB需要与PCAST、OSTP一起在国会辩论时参与解释。OMB还负责对联邦部门的预算使用进行监督和评估，结果会作为下一个预算周期的参考。

设立小企业技术创新和转移奖励项目。美国联邦政府于1983年和1994年分别设立了小企业技术创新和转移奖励项目，支持小企业的技术进步。小企业技术创新项目实施分为三个阶段。第一阶段为启动阶段，小企业技术创新的构想和可行性由联邦有关机构进行评估。如被认可，小企业可得到最高10万美元的启动经费在6个月时间里对项目进行可行性研究。第二阶段为扩展阶段。企业可得到最高75万美元的研究经费，在2年时间里完成中试和商业开发的工作。第三阶段为商业化阶段，产品从实验室进入市场。在该阶段，小企业必须自己从资本市场筹集资金。2000年，美国共有4000多个小企业得到研究发展资金，总数约12亿美元。加利福尼亚州在这一年有883个项目得到资助，共获得研究发展资金2亿多美元。

5.1.3.6 提供生命周期的营商活动指导

美国依靠政府网站信息获取和处理高效的特点，整合营商活动相关的信息，通过在线政府网站提供全生命周期的营商在线服务，激发更多的企业主进行创业，促进经济繁荣。美国华盛顿特区建立营商在线服务平台——华盛顿商务中心平台。该平台帮助企业所有者安全、高效、有效地推进项目。

5.1.4 美国守法环境

第一，促进大学、研究所的成果向产业界转移和授权。美国的知名大学和研究所通常都设有技术转移办公室（OTL），专门从事研究成果的转移和授权工作。其工作流程通常是，首先对研究成果的商业价值进行评估，根据评估结果决定是否申请专利保护，对成功申请专利的成果授权给企业，由企业进行产业化，企业支付费用，将收取的费用按照一定比例分配给学校、院系和成果发明人。美国斯坦福大学OTL最为著名，该办公室极大地促进了斯坦福大学的技术转移和成果转化，对硅谷地区科技型企业发展起到重要作用。斯坦福大学OTL成立于1970年。成立当年仅受理28个技术转移项目。其中，3件与企业签订授权合同，当年收取费用仅为5000美元。到2009年，共受理443个技术转移项目。其中，77件成功向企业授权，当年收取费用达到6500万美元。

第二，鼓励企业与大学、研究机构共同承担科研项目。在美国联邦政府支持中小企业技术创新资金中，专门设立"小企业技术转移计划"。该计划要求小企业与大学或科研机构共同申报联邦政府机构的研发经费支持，促进小企业与大学、研究所之间的产学研合作。

第三，弘扬创新精神。美国文化鼓励创新，对风险和失败有极强的容忍度。美国文化的冒险精神和探索精神、批判精神有利于科技创新。文化的包容性为初创企业提供良好的商业环境。根据美国国家风险投资协会（NVCA）的数据，风险投资和成长资本从2007年的360亿美元上升到2018年的1320亿美元，复合增长率达12.5%。

第四，重视人才建设，不断丰富科技创新人才储备工作。从人才政策上，美国高度重视科学、技术、工程、数学方面（STEM）的人才，并通过研发费用投入、人才引进、培训等形式增强对该领域后备人才的培养和储备。

5.2 日本科技领域营商环境法治化

5.2.1 日本立法环境制度

立法环境方面，日本确立"科技创造"立国的方针，通过"科学技术基本法"的立法，为科研机构、企业的科技创造创新提供了法律、政策层面的支持和保障。日本也比较关注中小企业的科技立法。先后出台30多部针对中小企业的发展的法律。其中包括：《关于促进中小企业创造性事业活动的临时措施》（1995年）、《中小企业创造活动促进法》（1995年）、《科学技术基本法》（1995年），形成专门制度体系。

5.2.1.1 科技创新推动立法

在推动科技创新方面，1963年颁布了《中小企业现代化促进法》，从政府角度明确规定了如何扶持中小企业尤其促进中小企业技术创新的具体内容。20世纪80年代，政府制定《中小企业事业团法》《研究交流促进法》《中小企业技术开发促进临时措施法》等。为鼓励中小企业开展科研开发活动，1995年正式出台《中小企业创造活动促进法》，其目的是支持企业家的管理创新和中小企业的研究开发。同年11月，日本颁布《科学技术基本法》。其主要内容就是以法律的形式推动日本的科技振兴。根据《科学技术基本法》规定，日本政府应当每五年制定一次推动科学技术发展的基本计划，为增加科学技术预算提供了法律依据。日本政府在2021年4月颁布的最新版本里，增加对"激发创新活力"和"促进产业转化"方面的规定和政策指导。为了更好地推动企业的科技创新，基本法的名称也从"科学技术基本法"改为"科学技术创新基本法"。与此同时，日本还有《中小企业振兴资金助成法》《加强中小企业技术创新减税法》等十几项法律支持科技型中小企业技术创新。

在知识产权保护方面，从2003年开始，日本知识产权战略本部每年都会发布《知识产权推进计划》，鼓励知识产权良性发展，推动形成良好的知识产权环境。此外，这些法律在金融信贷、知识产权保护、鼓励风险投资与技术创新等方面为科技型中小企业的发展提供重要的制度保障。日本政府通过补贴减免申请费用、提供海外侵权诉讼等服务给予支持。例如，"减少中小企业专利费"将所有中小企业的专利费（第一至第十年）和国际申请费（检索费、发送费、初审费）降低一半。通过"中小企业海外知识产权被侵权支援事业"对海外国家当地知识产权保护调查以及帮助进行侵权警告、侵权诉讼等。2020年度国拨经费预算为7.4亿日元。此外，还有"战略性知识产权先导型中小企业海外支援事业""营业秘密、知识产权一站式服务体制"等，为日本企业提供知识产权保护，帮助拓展海外知识产权业务。

日本对国家财政投入的科研经费的监管，原则上按照文部科学省2014年2月修订的《研究机构的公共科研经费管理监察指南（实施准则）》（以下简称《实施准则》）进行管理。《中小企业基础制造技术提升法》从2006年开始设立"开发研究"类科技计划项目，支持制造业供应链中关键中小企业的技术创新。2019年立项171项，国拨经费131亿日元。

5.2.1.2 科技税收优惠政策

从税收优惠政策来看，日本政府于1967年制定了《增加试验研究经费的纳税减征制度》，沿用至今。这项制度规定，当企业试验研究开发经费的增加部分超过过去年度的最高水平时，其增加部分的20%可抵免所得税税金。这一比例几经变动，目前调整到25%。日本于1985年针对技术开发，进一步制定《促进基础技术开发税制》和《关于加强中小企业技术基础的税制》。这两个税制规定，企业用于购置基础技术（包括尖端电子技术、生物技术、新材料技术、电信技术及空间开发技术）开发的资产免税7%，中小企业研究开发和试验经费免税6%。其产业政策转向强调以尖端技术为中心发展的转变，并明确提出以高技术产业为先导的口号。为了实现上述目标，日本政府明确规定对电子、生物工程、机器人和新材料等高技术产业实施优惠税制和特别折旧制度。并且，政府承担部分高科技开发费用，补助企业高技术开发活动。

5.2.1.3 科技企业融资制度

（1）知识产权证券化。日本政府充分重视信托制度在知识产权利用领域的作用。在修改相关法律以及制定政策时，政府引导并促进知识产权证券化信托模式的运用。信托制度在产品设计上的灵活性以及在破产隔离等方面的优越性，为知识产权证券化的发展起到润滑油和加速器的作用。知识产权证券化在日本逐渐成为创新型企业获得融资的有效方法，同时成为相关专门机构［如技术转移机构（TLD)］对知识产权进行管理和变现的有效途径。2000年，日本修改《资产证券化法》，扩大可以进行资产证券化的财产范围，客观上使知识产权成为可证券化的资产。四年后，日本又修改《信托业法》，废除可信托财产的范围限制，将知识产权纳入信托对象的范围，为知识产权证券化发展提供法律保障。知识产权证券化过程中，通常由日本政府（而非企业或其他组织）发起设立特殊目的公司，经营发起人移交的知识产权。更为典型的是，日本政府大力推广TLO。TLO是中介机构，体现为公司、大学内部组织或准政府机构。它们在提高科技成果转移比重、加快科技成果转化速度乃至提升区域创新能力等方面获得明显成效。

（2）建立信用担保体系。日本建立由中小企业信用保证协会和中小企业信用保险公库构成的两级信用保证体系，共同为中小企业融资提供信用担保。当商业银行向有发展潜力的科技型中小企业发放贷款的时候，他们和信息服务体系一起定期发布科技型中小企业融资信息，提高信用担保额度，扩大担保商品范，放宽担保要求，提供重要的信息支持和担保保证。中小企业信用保证协会的资金主要来源于政府财政拨款，同时由金融机构和中小企业团体予以补充。信用保证协会对中小企业提出的贷款申请进行审核并决定是否提供担保。那些审核通过并获得担保资格的中小企业在向相关机构缴纳一定的信用保证费后，可以从金融机构获得贷款。但是，信用保证协会对承保项目不是全额担保，而是根据贷款规模和期限进行一定比例的担保，一般比例为70%。1958年设立的中小企业信用保险公库的资本金主要来源于中央财政拨款，其业务是对信用保证协会所承担的保证债务提供保险和贷款，即对信用保证协会提供资金和资金融通，并进行保险和再担保。信用保证协会保证额的70%—80%由信用保险公司公库再保险。一旦出现代位补偿，信用保证协会将承担20%—30%的保证责任。这部分担保余额在发生风险时最终由财政补偿。日本又于1998年制定了《投资事业有限责任合伙法》，确保有限合伙人的有限责任，激励一般合伙人努力提高投资效率。

（3）建设发达的创业风险投资市场。日本是在亚洲发展风险投资最早的国家。风险投资的快速增长对其科技型中小企业的发展发挥巨大的作用。首先，在资金来源方面，日本政府建章立制，不断规范和拓宽资金来源渠道。日本在1997年制定《天使投资税制》，促进个人（天使）、年金、有限责任组合、海外资本、其他风险资本不断投入风险投资领域，保证多元化的资金来源。其次，在投资领域方面，2005年颁布《关于促进中小企业的新事业活动的法》，积极引导创业风险投资关注科技型企业的发展。最后，在投资发展阶段方面，随着日本柜台交易市场（JASDAQ）和东京证券交易市场（MOTHERS）的创立与发展，日本风险投资更加关注科技型中小企业在种子期及成长期的融资需求。允许中小企业发行股票和债券，认购中小企业为充实自有资本发行的股票和公司债券。政府直接资助项目研发。指定金融机构提供贷款支持，并且提供低于市场利率3个百分点的优惠利率，优惠部分由政府承担。专门规定科技税收制度。主要是实验研究经费的税额抵扣制度，鼓励中小企业引进新技术、购置新设备和实行特别折旧制度。同时，实施知识产权经营报告书制度。日本经济产业省要求制定知识产权经营报告书。企业根据自有的价值创造指标和支撑指标，向金融机构等利益相关者公开企业知识产权经营的实际状况和信息，获取其对知识产权经营的认同，从而获取融资的制度。

5.2.2 日本司法环境制度

日本知识产权司法制度的特色主要有如下几点。

第一，建立日本知识产权仲裁中心。为解决工业产权领域的纠纷，1998年3月，日本律师联合会和日本代办人协会共同设立"工业产权仲裁中心"。同年4月1日起，该机构开始正式运作。它是今天"日本知识产权仲裁中心"（Japan Intellectual Property Arbitration Center，JIPAC）的前身。2001年4月，为适应形势发展的需要，日本"工业产权仲裁中心"正式更名为"日本知识产权仲裁中心"。"日本知识产权仲裁中心"这一机构从此诞生。因此，目前日本有关知识产权的纠纷除了可诉诸法院之外，还可以向日本知识产权仲裁中心申请裁决。该中心目前成为专门处理知识产权纠纷案件的主要"诉讼外纠纷解决机制"（英文简称"ADR"）机构。根据日本知识产权仲裁中心的规定，可申请仲裁的对象内容包括：产业财产权（专利权、实用新型权、外观设计权、商标权）、著作权、反不正当竞争、域名、营业秘密、技能、种苗的培育权、半导体集成回路的利用权等。总之，只要是和知识产权纠纷有关的案件，都可以成为申请仲裁的对象。

第二，建立知识产权高等法院，形成专利权案件专属管辖，实施技术调查官制度。日本在2004年6月18日颁布《知识产权高等法院设置法》，并于2005

年4月1日开始正式实施。日本知识产权高等法院并非实质意义上独立的高等法院，而是东京高等法院的分支机构，主要审理全国所有有关专利权的上诉案件以及不服专利局决定的诉讼案件。此外，东京高等法院受理的民事、行政案件中，如果案件争议焦点涉及技术问题，也可由知识产权高等法院受理。东京知识产权高等法院实施大合议、技术调查官、专门委员等制度，旨在提高知识产权审判效率和增强法律判断的一致性。在具体人员构成上，日本知识产权高等法院中设立技术调查官职位，技术调查官主要从技术领域中担任过专利审查员或者上诉审查员的人士中选取。其次设立专家委员，专家委员任期是两年，职责是根据法院指令在案件审理中明确诉讼案件的内容，根据专业知识，公平、中立地解释有争议的专业技术问题。委员会成员由全国各个技术领域具有专业知识的大学教授或者公共机关的研究人员组成，进一步巩固了判决的专业性。

第三，在日本知识产权诉讼中建立文书提出命令制度。日本知识产权诉讼文书提出命令制度的特殊规则，对当事人申请中提出文书的必要性做出限定。裁判所可以利用秘密调查程序对文书提出的必要性、文书持有人是否存在拒绝提出文书的正当事由进行审理。在裁判所认为需要听取当事人或专门委员对文书的意见时，可以向其开示文书，并发布保守秘密命令。《日本专利法》第105条第1项规定，在侵害专利权或侵害专有实施权的诉讼中，裁判所可以根据当事人的申请，命令其他当事人提出证明侵权行为的必要文书，或者提出计算侵权行为产生损害赔偿金额的必要文书。日本的专利法、实用新型法、外观设计法、商标法、著作权法和不正当竞争防止法中均有相似规定。

制度规则对文书提出命令的必要性进行限定。与《日本民事诉讼法》第220条第4项相同，申请人在知识产权诉讼中申请文书提出命令时，必须要对文书提出的必要性进行说明。在文书提出必要性的具体内容方面，与普通民事诉讼的规定不同，日本知识产权诉讼将文书提出命令制度的必要性限定为两种：一种是文书对证明侵权行为的必要性；另一种则是文书对计算侵权行为产生损害赔偿金额的必要性。

秘密调查程序中对审理对象有特殊规定。日本在2018年对专利法的修正过程中，扩大秘密调查程序的适用范围，将文书提出的必要性纳入审查范围。根据该法，日本裁判所对文书进行实际查阅后，对文书提出的必要性和是否存在拒绝提出文书的正当事由进行判断，做出是否发出文书提出命令的决定。

采取秘密调查程序中的文书开示制度。在日本裁判所认为有必要时，可以向当事人等关系人出示该文书，在听取其意见的基础上，决定是否发布文书提出命令。这主要是因为有关文书中可能会记载较为专业的技术知识。如果日本裁判所通过查看文书，无法明确其中记载的生产方法是否属于原告发明专利的保护范围，需要双方当事人进一步进行陈述。此时，当裁判所认为有必要向当事人诉讼代理人或辅佐人开示文书时，可以向这些人员开示。但是，这种文书开示并不是毫无限制。日本裁判所在确定文书开示的人员范围时，坚持向能够解释文书的最少数量人员开示的原则，将接触文书的人员范围控制在最小。在此，将这一原则称为"文书最小接触范围"原则。

《日本专利法》新增第105条第4项规定，日本裁判所认为在判断文书提出必要性过程中需要听取基于专业知识的说明时，在征得当事人的同意后，可以向公正、中立的第三方专门委员开示文书。专门委员在查阅文书后，可以就专业问题提出说明意见，为日本裁判所判断是否发布文书提出命令提供参考。

秘密调查程序中要求保守秘密。在秘密调查程序中向当事人、诉讼代理人、辅佐人等开示文书时，裁判所会限制接触文书的人员范围。这些人员仅仅限于查阅文书的专门委员。这些委员是某项领域内的权威人士，具有较强的职业操守。但是，尽管存在限制，仍然可能发生上述人员滥用秘密调查程序中获知的商业秘密的风险。为了防止秘密调查程序中的文书信息被滥用，《日本专利法》第105条第4项规定保守秘密命令制度。在文书可能记载技术秘密或商业秘密时，日本裁判所应当向接受文书开示的人发布保守秘密命令，禁止其将文书中记载的信息用于诉讼目的之外或者告知他人。同时，《日本专利法》第200条第2项还规定了违反保守秘密命令罪。

5.2.3 日本执法环境制度

日本政府为科技型企业的发展提供政务服务，实施严格执法，发挥政府的引导和支持作用。日本政府组织大型产业馆联合峰会。参加人员包括文部科学大臣、科学技术担当大臣、大学校长和大型企业的总裁、中小企业的技术主管、大学尤其是工科大学的专业领军专家。缩短专利审查速度，建立知识产权评估体系和信托制度。制定政策，帮助本国私人企业将重大技术标准化。

（1）日本政府设立公立试验研究机构。其责任为：一是提供技术指导，二是提供技术培训，三是由国家确立技术课题，在国立试验机构进行专题研究，或者在国立试验机构指导下企业承担研发任务，研究经费由国家补助，开发研究的成果则由中小企业利用。政府还组织中小企业振兴事业团体，从事以下三项工作：对中小企业急需开发的机械推行第一年设计、第二年试制和第三年公开普及的"机械开发事业"；对中小企业难以实现的迫切技术开发课题，集中各领域的技术，实行长期研究与开发的"特别研究开发事业"，普及新技术成果的"新技术验证事业"。另外，政府提供技术信息服务。日本政府成立中小企业信息中心和公立试验研究机构技术信息室，向中小企业提供必要的信息服务。

（2）创办日本综合科学技术创新会议。日本综合科学技术创新会议是日本科技管理的最高决策机构，其主要职责是在总理大臣的直接领导下，总揽全国科技创新大局，综合策划科技政策，统筹协调各省厅（部委）行动。文部科学省负责本部门的年度科研经费预算，委托下属的"独立行政法人"或"国立研究开发法人"开展经费的分配和管理工作。文部科学省的职能部门，即研究振兴局,由其负责科研经费不当使用和科研行为不端的相关政策制定、处罚、举报调查等。同时,文部科学省下属的"日本科学技术振兴机构"(简称"JST")和"日本学术振兴会"(简称"JSPS")负责经费的派发和监管。JST主要负责国家重大科技计划项目的组织和经费管理。JSPS主要负责从日本全国各地征集自主研究项目的组织和经费管理。这两家机构分别对各自发放的科研经费进行监管,对项目承担单位实施监管普及教育。

(3)强化对项目承担单位的监督检查。为了便于监管,日本要求项目承担单位在出现违规行为时及时报告文部科学省,并抽取一定比例的项目承担单位和人员每年提交自查表。实施多种形式的调查。如针对不同情况实施机动调查、集中监察、改善情况调查等,并委托专业团队进行监管。加大举报和曝光力度,设立举报窗口,在官网公布违规案例的相关信息,包括承担单位及相关人员姓名等。在提前预警方面,日本要求项目承担单位在项目申报前先了解和掌握其应承担的责任和违规时会受到的处罚。在项目申请成功、签订项目合约之前,要求项目负责人、项目承担单位第一负责人、财务负责人、采购企业负责人分别签署承诺书,要求项目负责人必须完成科研伦理培训,并签署已完成培训确认书。

(4)普及最新的科技情报。在搜集国外科技发展情报的基础上,日本政府在日本国内开展科学技术普及活动。每年组织全国性的"科学技术周""信息化月"等活动,大量出版介绍电脑和自动化、新材料、生物工程等新兴技术的书籍和科普杂志,举办"办公自动化展览会""电子计算机展览会"等专业性的科技展览会和"机器人展览会""宇航展览会""通信技术展览会"等普及性的科技展览会等,向国内介绍此次技术革命的现状。此外,1979年后,在日本中小企业情报中心的指导和资助下,在都道府县建立三个地区性中小企业情报中心,负责将国外技术经济情报、市场交流经济情报、适用技术情报等传递给中小企业。这些措施使国内企业能够更快、更全面地掌握和运用尖端技术。

这一做法的好处还在于，促使国内消费者更加迅速地迎接和适应技术革命的到来，创造更广阔的消费市场，促进科技成果顺利实现产业化和经济化。

（5）实施知识资产经营报告书制度。知识资产经营报告书，是由日本经济产业省主导相关政策并推广普及的、旨在为中小企业知识产权融资提供帮助的新制度。知识资产经营报告书的目的在于：一是企业产生面向未来的持续性利益，经营者以通俗易懂的方式将提升企业价值的经营活动向利益相关者传递；二是促成企业与利益相关者达成共识。知识资产经营报告书的构成有如下要素：一是企业事业的性质与经营的方向性；二是企业将来业绩的可预见性；三是以过去和将来业绩为基础的知识资产及其组合所生成的价值创造方式；四是对于将来不确定性的认识以及对应方法。由于"知识资产经营公开指引"中所提及的报告书主要针对大型企业，作为配套措施，独立行政法人中小企业基盘整备机构于2007年公布了"为中小企业的知识资产经营手册"，促使中小企业有意识地活用其知识资产，通过适当的形式将其内容展现给金融机构，获取应有评价，从而达到融资的目的。

（6）建立明确分工的政策性金融机构。为促进和支持科技型中小企业的发展，日本政府成立分工明确的政策性金融机构，为实现科技融资提供更优惠的利率。首先，从管理服务角度，日本设立众多专职的政府部门机构，从国家层面的中小企业厅到行政市区层面的中小企业管理局和中小企业管理科。其次，从金融机构方面，为满足中小企业的融资需求，日本设立了商工组合中央金库、中小企业金融金库、国民金融公库等金融机构，专门为科技型中小企业提供融资支持。最后，日本作为市场经济发达国家，为满足科技型中小企业更多的融资需求，设立具有风险投资性质和信用担保性质的政策性金融机构。

（7）实施"银行主导型"金融体制。日本是比较典型的"银行主导型"金融体制。银行的间接融资占40%，是日本科技型中小企业资金来源的主要渠道。城市银行等大型金融机构和地方银行、信用金库等中小金融机构组成日本的商业银行体系，形成体制健全的科技贷款供给主体。城市银行主要以大企业为服务对象，近年来积极为中小企业开展金融业务。中小金融机构依然是科技型中小企业融资的主要供给者，这些金融机构具有地方性强、针对性强的特点。这在一定程度上为日本各地的科技型中小企业发展提供了很好的融资支持。

5.2.4 日本守法环境制度

日本于2002年颁布《知识产权基本法》。该法第21条明确规定，国家有责任和义务宣传和普及该法，加深国民对知识产权的理解、尊重和保护意识。日本各大公司也把尊重自己和他人知识产权，作为一项重要的员工培训内容。

5.3 英国科技领域营商环境法治化

5.3.1 英国立法环境建设方面

英国是近代工业革命和科技革命的策源地，其科技实力一直处于世界领先。近代以来，英国成为世界科技创新中心。第二次工业革命后，其优势地位被超越。20世纪晚期至今，英国科技创新战略实施促使其科技实力一直保持在世界领先地位。英国完备的科技创新制度和长远目标规划值得我国借鉴。

20世纪90年代，英国明确以科技推动经济振兴为目标。1993年，英国发布首个以《实现我们的潜力：科学、工程和技术战略》为题的国家科技发展战略白皮书。该战略强调，科技发展是经济振兴的关键，要挖掘科技潜力，服务经济增长。英国于2000年发布《卓越与机遇：面向21世纪的科学与创新》白皮书。这是英国21世纪发展科学与创新的纲领性文件。2004年，英国首次制定中长期科技发展计划——《科学与创新投入框架（2004—2014）》。2014年，英国发布面向未来十年的科学与创新发展新规划《我们的增长计划：科学与创新》。2017年，英国发布《构建我们的工业战略》绿皮书，重视投资科研和创新；颁布《高等教育与研究法案》，组建英格兰研究署、英国研究与创新署；发布《产业战略：建设适应未来的英国》白皮书。英国通过系列科技创新立法和制度建设加强科学人才培养，大力支持创新研究，积极参与全球科学创新，继续推动英国的科技创新水平。

英国设计一系列可有效保护知识产权的法规。例如，《版权、设计和专利法》《专利法》《影像录制法》《商标法》等。目前英国已经加入了《专利合作条约》《世界版权公约》《伯尔尼保护文学和艺术作品公约》《录音制品日内瓦公约》《巴黎保护工业产权公约》等。加入这些公约更有利于保护英国国内的知识产权。

5.3.2 英国执法环境建设方面

5.3.2.1 完善的科技金融扶持政策

英国政府充分发挥了"弥补市场缺失的功能"的作用，创新财政金融扶持政策。英国政府通过直接出资、政府建立引导基金、税收优惠政策、鼓励市场化融资（EFG、AIM等政策）一系列支持科技创新的财政金融扶持政策体系，扶持创新型企业发展。英国政府推出的系统高效的科技金融战略和政策体系发挥良好的催化作用，将英国的金融基础和科技创新优势有效融合，实现效益最大化。2009—2012年，英国11000家中小型科技创新企业创造了50%的新增就业岗位，74%的中小创企业实现了业务增长。其中，种子企业投资计划（SEIS）发挥重要作用。SEIS计划在启动后的两年内帮助2000多家企业筹集到1.75亿英镑的资金。

5.3.2.2 良好的知识产权融资机制

很多科技型中小企业面对激烈的市场竞争，不愿投入时间、金钱和精力管理知识产权。于是，英国知识产权局建立知识产权融资案例研究制度，向科技型企业证明知识产权如何产生收入、筹集资金和发展企业，帮助企业通过知识产权管理获得融资、吸引新业务或提高盈利能力。不仅如此，英国政府健全知识产权融资法律法规基础。一是制定知识产权融资支持政策、计划，帮助建立中小企业与金融中介沟通互信机制，联合有关金融中介建立基金，对知识产权融资风险进行监管。二是重视知识产权保险制度建设，推动保险公司和担保机构等为知识产权质押融资提供担保服务。三是加大对企业和银行等金融中介机构人员在知识产权保护和运用方面的培训力度。四是通过建立知识产权融资学习案例等进一步扩大宣传。

5.3.2.3 实施税收优惠政策

英国拥有优惠的税务政策，是目前世界上税率最低、贸易最自由的国家之一。注册的英国公司享有免缴入息税的优惠，包括资产增值税及任何形式的应课税。并且，注册英国公司的时间一般是在5个工作日。英国通过降低企业的一般性税收负担来保持税收的竞争力，宽松投资环境，合理配置税种，提高税收的针对性和实效性。税收政策推行循序渐进改革，通过长周期弱化税收改革对市场的影响，促进市场和企业的发展稳定。英国通过"移动式服务，移动办税"，帮助纳税人实现自我服务，逐步关闭200多个办税中心，大大简化办税流程，节约政府办事成本，便利纳税人。设立专门的税收机构，在财政部门设立专门办公室，有效解决税制简化的问题，保证税收领域内的问题及时有效解决。

税收减免是英国政府扶持科技创新企业的重要措施，尤以EIS和SEIS计划为重点。90%以上的天使投资人、80%的总投资组合都是依据这两个计划。而SEIS作为EIS的延伸，更是可以为投资者提供最高50%的税收减免。这对起步前三年的中小创企业至关重要。英国政府将科研部门视为非营利部门免收税费，对企业的研发税实行优惠政策。例如，实行研发费用加计扣除、大企业的研发费可以享受扣除30%的加计费，并且引用了"专利盒制度"，鼓励企业增设与专利开发、生产等相关工作的岗位。

为了避免脱欧进程严重影响英国的经济,英国政府力求把英国打造成全球"税收天堂"。主要措施包括:计划减少公司所得税,从原来的19%降至12.5%,鼓励吸引企业家来英国创业拉动经济;在英国打造10个类似新加坡的自由港,在自由港内免征关税,货物可自由进出自由港,为英国吸引更多的外国大型企业;减免英国的买房印花税,鼓励消费者在英国购买住房,拉动英国房地产业的发展,推动英国经济建设。

5.3.2.4 良好的企业信用信息共享体系

英国政府为加快本国中小企业信用信息共享体系建设,发布《信用信息条例》,发起中小企业信息共享计划。该条例规定,财政部须在征求英格兰银行及有关监管部门的意见后,才能指定参与中小企业信用信息共享的征信机构、银行;经授权的银行须获取中小企业的同意后,才能向征信机构报送企业的贷款、结算账户、信用卡等信息;由征信机构协助各类金融机构查询企业信贷和结算账户信息,分析企业的资金流动信息和还款信息,准确把握中小企业经营状况。尤其注重对中小企业作为信息主体的权利保障,明确规定在进行中小企业信息采集、处理、共享前必须征得企业的同意,与保护个人信息的标准等同。

5.3.2.5 将科技政策融入国家的教育政策中

英国政府着眼长远,对青少年进行高水平的科技教育,通过一系列的教育政策确保大、中、小学校能够培养出知识渊博且具有创造力的科学家。改进科学课程,鼓励青少年创造性地思考科学问题,为科学和技术在内的短缺学科提供教师培训和招聘资金;增加对研究生的资助,尤其增加博士生的津贴,为他们完成学业提供良好的基础;与沃尔夫森基金会和英国皇家学会合作,共同启动一项基金,用于聘请高达50位的主要研究人员到关键科学领域工作等。

5.3.2.6 良好的科技成果转化体制机制

英国通过以下政策帮助科技成果转化。第一，英国政府出资设立科技成果转换基金，用于支持知识产权起步工作。在2006年，英国政府设立"九个企业资本基金"（ECF），面向中小企业，帮助企业将最新的科技成果应用到企业生产中。2012年，英国政府设立"研究伙伴投资基金"，用于支持企业研发新技术和应用新成果。第二，建设并完善科技成果转化基地，建设6—8个世界级的技术创新基地，开发和转化具有国际竞争力的新技术与成果项目，为英国经济社会可持续发展提供驱动力量。第三，英国重视互联网时代科技成果信息管理，加强企业、科研机构和大学之间的沟通联系，促使科研成果和技术创新活动信息共享，创造新的合作机会。英国研究理事会建立国家科技成果信息网站，为企业和社会各界提供成果信息一站式服务。

5.3.2.7 完备的科技人才储备激励政策

英国非常注重引进和留住国外科技创新人才。一方面，推出积分移民政策和特殊签证吸引高科技人才。英国政府2020年2月公布了"脱欧"后的移民新政策，以积分制吸引全球人才。英国政府还在"脱欧"不稳定期推出专门的卓越人才签证和创业者签证，确保高技术人才的供应。另一方面，设置科技人才激励政策，通过科技人才奖和资助计划留住优秀的科技型人才。例如，2000年发布的沃尔夫森研究价值奖、2011年发布的伊丽莎白女王工程奖。这些计划针对不同对象，吸引国外优秀学生到英国接受高等教育，吸引国外中青年杰出人才到英国从事学术研究，涵盖支持创新人才的全过程。再者，英国政府重视科技人才，完善科技基础设施，为科技型人才提供更加优越的科研环境。通过完善科技人才发展战略和科技政策大力引进海外科技型人才，通过将科技创新融入国家教育政策中培养学生的科技创新能力。

5.3.2.8 创新投资基金建设

英国的创新投资建设并非直接对企业给予资助，而是选择具备专业科技素质的风险投资人掌握投资资金，选择具有发展前景的科技型企业进行资助。截至2013年，投资总额达3.3亿英镑。英国政府善于运用政府的购买力，购买企业的创新产品和服务，鼓励企业积极地进行研发和设计，改进产品和服务。

5.3.2.9 为企业提供完备的创新信息

英国开设研究理事会的研究网——Gateway to Research研究网，使用者可以得到大量的信息数据，包括资助对象、研发成果等，从而为中小企业提供创新信息。

5.3.2.10 建立健全科技评估管理体系

英国科技评估机制实践表明，规范化的科学评估机制，有利于形成稳定、科学并逐步完善的科研运转体系。英国政府通过科技评估，扭转政策执行过程中出现的偏差，及时调整科研经费。一方面，对科研项目的评估与审查使拨款有效进入服务于国家和社会发展的战略领域。另一方面，科研评估机制已经成为英国国家协调科研方向和科研项目的重要手段。

5.3.3 英国司法环境建设方面

5.3.3.1 设置专业性知识产权专门法庭

英国为解决司法制度中存在诉讼审理时间较长且费用高昂的问题，设置专业性知识产权专门法庭，将专利案件交由专门的法院审理。案件管辖趋向集中化，审理趋向专业化。英国的专利无效案件可以直接在侵权诉讼中由法院审理，有助于节约成本，提高诉讼效率，进一步促进知识产权合理应用，提高科技成果转化率。针对知识产权诉讼存在的专业技术问题，英国法院建立了"专家证人"制度，专业化、高效化解决技术事实审查问题。

5.3.3.2 企业破产重整高效便捷

英国采用公司自主安排程序。该程序不以法院为主导，大量节省法院的时间。管理退出机制相对简化，只需要向登记机关登记即可。对于陷入财务困境的企业适用"伦敦规则"进行庭外重组，促进和帮助企业重整成功。在英国的重整程序中，法院无须主动干预破产过程。只有在利害关系人自己遭到不公平待遇时，向法院申请，法院才会行使公权力，解决企业破产重整程序周期时间长的问题。

5.3.4 英国守法环境建设方面

科学精神和创新文化是英国科技创新持续发展的沃土。科学革命在工业革命后的英国崛起，极大地倡导和培育英国国民的"创新精神"。科学革命使英国国民对科学的追求近乎狂热，营造尊重科学、鼓励创新的良好文化氛围。英国是世界上最早实行专利制度的国家之一。400多年来，英国逐渐形成健全的知识产权法律、执法和司法体系。知识产权保护意识深入人心。完善的知识产权保护体系不断激发社会创造创新的积极性，将成果转化为生产力和社会效益。

5.4 启示

综观典型国家的科技领域营商环境的建设，结合天津相关方面的问题和目标，可以得出如下启示。

（1）立法环境方面，侧重对科技领域市场主体营商环节进行全面、连续的立法，形成完整的、适应当地科技发展情况的法律制度体系。立法过程上，吸纳座谈、调研、访谈等各种形式的立法沟通形式。在中央立法缺位的情况下，积极利用地方立法权出台地方性法规规章和规范性文件。具体而言，以科技局为主体，提请地方人大进行《天津市科技领域营商环境优化办法》《科技型中小企业促进办法》等相关规范性文件的起草和论证是值得尝试的立法环境完善方式。同时，通过文件形式制定科技行政事项清单。

（2）司法环境方面，侧重对科技领域纠纷的司法机制完善和多元解决渠道的丰富。通过科技类型案件的管辖、审理、执行等制度的专门设计，促使技术含量高、损益计算难等特点的纠纷迅速化解。天津可以借鉴管辖制度的专门化、技术调查官的引入、调解仲裁的运用等经验，做好天津司法环境维度的优化。

（3）行政环境方面，科技领域的行政服务、行政执法、行政监管等制度是各国建设的重点。科技领域行政组织的设置服务于科技发展的目标。美国建立自上而下的科技行政组织机构体系，同时利用相关社会组织。日本也有自己的科技组织架构，包括科技规划机构和发展决策会议等。天津在既有的行政组织体系基础上，可以借鉴成立科技领域营商环境优化专家咨询委员会，为科技领域环境提供专家建议。同时，行政服务的信息化、电子化是各国普遍的努力目标。天津市也应优化政务服务电子化信息化智能化的程度，进一步完善相关数据的归集和利用。科技金融、科技税收等领域的政策优惠可以进一步强化。对比国际政策，加大免税减税的力度。另外，科技领域行政执法方面需要进一步简化执法程序，提高执法准度，提升执法效能，强化执法公开。

（4）守法环境方面，国外的科技领域守法环境相对完善。科技领域尊重创新、尊重劳动、尊重权利、诚实守信的总体氛围较好。对此，天津应当借鉴强化普法宣传，完善科技领域信用体系建设，形成依法创新的守法环境。比如，强化知识产权通识教育和科技创新创业的通识教育，加强科研诚信和科研伦理的监督机制，总体降低科技领域的风险。

第6章 科技领域法治化营商环境的国内比较
——以北、上、广为例

科技型企业营商法治环境的建设是系统工程。国内省市建设的经验往往成为参照比较的重要对象。本章围绕科技领域法治化营商环境的建设内容，选取营商环境评价指标排名靠前的城市北京、上海和广州作为样本城市，从历史发展、具体举措、建设效果等方面分析建设情况，针对天津存在的问题，提出可供借鉴的对策建议。主要采取个案分析法，通过科技领域法治化营商环境建设的典型经验进行深入的调研和分析，得出主要做法和影响因素，进而提炼出可以应用到天津的有用经验。把北京、上海、广州作为建设个案，从环境建设的问题和措施方面进行剖析，比较总结有益经验。通过每个地方的主要政府官方网站、报纸期刊、新闻报道、法律法规数据库收集整理营商环境建设信息，重点围绕科技领域营商环境法治化的主要制度构成进行分析总结，梳理三地环境建设的主要举措和成效，归纳环境建设方面的成功做法，供天津参考。

由于科技型企业发展的类似问题和发展环境，国内兄弟省市科技型企业营商环境的优化建设经验往往能够相互比较、启发和借鉴。结合天津建设的目标，针对天津存在的问题，通过对比借鉴兄弟省市科技领域法治营商环境的有益经验，创新和完善天津环境是可行的思路之一。因为国内省市所面对的营商环境建设问题大致相似，在立法、司法、执法、守法方面均在国家顶层设计的框架内不断寻求差异化、本地化的措施。其中，北京、上海、广州尤为值得比照。首先，三地的科技创新能力指数和营商环境建设指数都名列前茅，营商环境建设成效显著。其次，三地都属于直辖市或者特大城市，在科技创新资源和能力等诸多方面和天津有共同的地方。基于此，通过对三地科技领域营商环境建设的法律法规政策的分析，结合相关报道和政府工作报告等材料，从营商环境法治化的框架比较分析其建设过程、制度架构、建设特点，总结其对天津营商环境建设工作的若干启示。

6.1 北京市科技领域法治化营商环境建设

6.1.1 北京市科技领域营商环境制度概述

2017年7月17日，习近平总书记在中央财经领导小组第十六次会议上强调，北京等特大城市要率先加大营商环境改革力度。北京营商环境改革经历了1.0到6.0的升级，推出举措超过1000项。为持续推动营商环境改革不断深入，北京市把优化营商环境作为一项重要的政治任务来落实，坚持"顶层设计＋压茬推进"的改革模式。北京市先后出台优化营商环境率先行动改革实施方案、三年行动计划和"1.0"至"6.0"营商环境系列改革政策，集中力量破解企业关键难点问题，并在商事制度、行政审批、投资建设、政务服务、监管执法、外贸外资等领域开展积极探索。特别是2021年9月，北京市率先出台首个省级"十四五"时期优化营商环境规划，提出未来5年改革的总体思路和目标体系，推动营商环境整体跃升。其中众多举措全国首创，改革经验也向全国推广。在中国营商环境评价中，北京综合排名连续多年成绩优异。随着营商环境的不断优化，科技领域法治化营商环境建设不断发展。北京市在科技领域优化营商环境的征程上，探索"北京模式"。科技领域法治化营商环境建设也稳步推进发展，为全市经济发展保驾护航。按照营商环境建设的时间和实践深度，可以大致区分为三个阶段。

第一阶段是营商环境建设的起步阶段。2017年9月16日，为深入贯彻落实习近平总书记加大营商环境改革的重要指示精神和国务院相关部署，牢牢把握首都城市战略定位，发挥首都科技和人才优势，加快创新、构建高精尖经济结构，将北京市作为我国建设开放型经济新体制的"排头兵"，市委、市政府正式印发《关于率先行动改革优化营商环境的实施方案》。方案以营造更加开放的投资环境、更加便利的贸易环境、更加良好的生产经营环境、更加精细的人才发展环境为主要任务。在科技领域不断优化首都科技创新环境，为更多科技型中小企业和优秀创业团队提供创新支持，进一步优化科技型企业融资环境，并完善高科技人才发展环境，加大对知识产权侵权违法行为的打击力度。2017年11月19日，北京市发布进一步《优化营商环境行动计划》（2018—2020年）。三年行动计划以3年为期，提出一系列工作目标。更加注重企业需求和用户体验，进一步提升企业和群众获得感。更加注重转变职能和优化流程，进一步打造北京政务服务品牌。更加注重"互联网＋政务"建设，进一步推动北京智慧政务上新台阶。更加注重首善标准和国际视野，进一步扩大首都对外开放。充分借鉴国内外先进经验，结合北京创新发展优势和服务业扩大开放试点，创造更有吸引力的投资和贸易环境。

　　第二阶段是营商环境建设持续深化阶段，标志性举措是多次更新优化营商环境的政策版本，提升环境的建设质量。2018年，北京市发布优化营商环境1.0版，通过设立区级企业开办大厅、实行一窗受理、推广工商登记"全程电子化"、免费刻制公章等举措，将企业开办环节缩减至4个，办理时间压缩至8天。2019年3月22日，北京市发布优化营商环境2.0政策，在办理建筑许可、获得用水用气、开办企业、跨境贸易、纳税等多个领域，再推出一批务实管用的改革举措。从"简流程、优服务、降成本、强监管"四个方面，进一步解决营商环境痛点难点问题，推动北京营商环境持续改善，为企业创造最优环境。2019年11月6日，为贯彻国务院深化"放管服"改革决策部署，北京制定优化营商环境3.0版本，发布《北京市新一轮深化"放管服"改革优化营商环境重点任务》。新一轮改革政策，围绕企业创新创业、投资贸易、市场竞争、法治保障等重点领域制定改革任务清单。在科技领域营商环境建设过程中，进一步改善企业融资和税收环境。一是运用金融科技建立小微企业金融信用信息档

第6章 科技领域法治化营商环境的国内比较——以北、上、广为例

案,构建以企业金融信用为核心的信息服务体系。二是提高企业纳税便利度。通过建立"知识产权管家"制度,为科技型中小微企业提供可指定化的知识产权方案。2020年12月30日,优化营商环境4.0版本《北京市进一步优化营商环境更好服务市场主体实施方案》发布,共277项改革举措。4.0改革进一步聚焦市场主体关切,为科技企业建设更加高效的投资环境、更加便利的市场环境、更加开放的外资外贸环境、更加稳定的就业环境、更加优质的政务环境、更加规范的监管执法环境和更加公平公正的法治环境。在科技领域通过建立知识产权失信主体"黑名单"制度,加大对侵犯知识产权行为的惩处力度。2021年1月20日,北京市人民政府印发营商环境5.0改革政策——《北京市培育和激发市场主体活力持续优化营商环境实施方案》。在优化科技领域法治化营商环境方面,改革进一步强化企业创新主体地位,简化企业研发费用,完善众创空间等科技型中小企业孵化链条。为助力中小企业创新发展,加强知识产权创造应用,鼓励高校和科研院建立知识产权技术转移机构,推进专利交易公开,促进专利技术供需精准对接。加强重点领域知识产权保护,严格执行惩罚性赔偿制度,大幅提高知识产权案件执法效能,高水平推进知识产权司法保护。2023年4月6日,北京市人民政府办公厅印发《北京市全面优化营商环境助力企业高质量发展实施方案》,推出优化营商环境6.0版本,压茬推出237项改革任务。更加注重"便企",通过加大知识产权促进保护力度,推动企业破产制度改革,优化外商投资企业发展环境等举措,助力科技企业发展,更大力度激发各类市场主体活力和创造力。

第三阶段是营商环境建设的法治和政策保障阶段。为了贯彻落实党中央、国务院优化营商环境决策部署,持续提升首都营商环境法治化水平,破解重点领域和关键环节的痛点、难点问题,促进首都创新发展,高质量发展,2020年,北京市颁布《北京市优化营商环境条例》,并于2022年修订颁布。《条例》积极对标国际一流,立足北京市实际发展,全面贯彻国家优化营商环境条例和

相关文件的精神。构建以告知承诺为基础的审批制度，以信用为基础的监管制度，以标准化为基础的政务服务制度，以区块链等新一代信息技术为基础的数据共享和业务协同制度和以法治为基础的政策保障制度，为进一步优化科技领域营商环境提供更加强大的法治化保障。在科技领域营商环境建设方面，《条例》规定，北京市推进科技重点产业发展，建设科技孵化器，为新技术提供实验空间，通过一系列政策措施促进科技领域营商环境发展。

同时，北京市颁布《"十四五"时期中关村国家自主创新示范区发展建设规划》。"十四五"时期，是我国开启全面建设社会主义现代化国家新征程，向第二个百年奋斗目标进军的第一个五年，也是北京落实首都城市战略定位，建设国际科技创新中心关键时期。《规划》在优化科技领域营商环境方面，激发企业的创新活力，支持科技型中小微企业创新发展，支持领军企业形成国家战略科技力量，鼓励企业加大研发投入，加快建设开放开源平台。《规划》围绕企业创新、政务服务、高科技人才、科技成果转化和国际科技合作大力实施创新驱动发展战略，为北京国际科技创新中心建设提供有力支撑。

6.1.2 北京市科技领域法治营商环境建设经验

经过三个阶段的不断发展，北京市科技领域营商环境法治化建设呈现出如下特点。

6.1.2.1 综合立法和专门立法相结合，市、区及各部门立法相配合，系统完善制度环境

从北京市地方立法制度设计来看，北京市出台专门的优化营商环境相关的地方性立法——《北京市优化营商环境条例》，出台各类带有准法性质的规范性文件。这些法规政策的出台和实施，进一步优化北京市的营商环境。

北京市通过《条例》推进科技重点产业发展。市场主体可以利用国家自主创新示范区和北京经济技术开发区现有资源，建设科技企业孵化器；依法登记

的农村集体经营性建设用地符合规划的，可以用于科技孵化、科技成果转化和产业落地等项目建设；统筹推进应用场景建设，为新技术、新产品应用提供实验空间，支持在本市设立国际科技组织或者联盟、世界知识产权组织或者其分支机构。

2022年5月19日，北京市经济信息局发布《北京市中小企业公共服务示范平台管理办法》，旨在面向高新产业发展的中小企业提供优质服务。围绕科技型、创新型、高成长型中小企业的共性或迫切需求定制高质量的特色产品或服务。

2022年1月23日，《北京市营商环境创新试点工作实施方案》发布，进一步加强对科技领域营商环境优化的重视，通过深化科技成果使用权，推动更多高等院校、科研机构开展科技成果赋权试点，充分调动科研人员的积极性。加大拓宽科技型企业融资渠道，降低企业融资成本。

2022年5月19日，《石景山区继续加大中小微企业帮扶力度、加快困难企业恢复发展若干措施》发布，不断提高企业科技创新积极性，促进科技型企业科技成果转化；加大对科技型企业的帮扶力度，鼓励企业加大科技研发投入，并给予政策性补贴措施；创新设立"首都科技创新券"，鼓励科创团队和科技型企业申领，对其进行政策性补贴。

为加强对科技型人才的保障，2021年12月31日，《北京市科学技术委员会、中关村科技园区管理委员会、北京市人力资源和社会保障局关于支持外籍人才来京创新创业有关事项的通知》发布，进一步优化外籍人才在京发展环境，支持来京外籍博士毕业生申请办理人才签证。进一步优化外籍人才在京发展环境，为北京国际科技创新中心建设提供人才智力支撑。《北京市科技新星计划管理办法》为北京国际科技创新中心和中关村世界领先科技园区建设提供科技人才保障，推进高水平人才高地建设，培育首都青年科技人才队伍。

2022年7月12日，《北京市民政局关于充分发挥行业协会商会等社会团体作用助力"稳经济、促就业"工作的通知》发布，通过搭建企业间沟通交流平台，在企业转型升级和技术创新方面进行深度沟通和交流。政府相关部门与平台协作，搭建人才选聘平台，为科技型企业提供优质服务。

2022年9月5日，《北京银保监局、北京市科委、中关村管委会、北京市金融管理局、北京市经济和信息化局、北京市知识产权局关于北京保险业支持科技创新和高精尖产业高质量发展的通知》发布，进一步解决科技型企业融资难、融资贵的问题。政策聚焦保险服务科技创新重点领域，为科技型企业研发科技产品和转型升级提供科技保险产品服务，助力企业更好的"走出去"。通过设立科技保险专营机构或部门为企业提供特色科技保险服务，强化政府引导，为科技保险提供保障作用。《中关村国家自主创新示范区促进科技金融深度融合发展支持资金管理办法》旨在促进金融与科技、产业、经济深度融合发展，完善金融支持创新体系。《关于对科技创新企业给予全链条金融支持的若干措施》指出，加大对科技创新企业的创业投资、银行信贷、上市融资等多方式、全链条金融支持力度，打造多层次、专业化、特色化的科技金融体系。

6.1.2.2 提高司法效率，完善纠纷多元解决机制

就司法层面建设而言，人民法院建立案件繁简分流机制，提高纠纷解决效率。通过完善司法程序，提高破产财产处置效率，健全破产案件债权人权益保障机制，保障企业快速退出市场，缓解僵尸企业的现状，更好地帮助企业快速重整，加快企业升级改造。完善多渠道解决纠纷机制，支持商事仲裁机构和商事调解机构在京发展，建立一站式的国际商事纠纷多元化解决平台，鼓励商事主体多元渠道解决纠纷，为高新技术外资企业营造良好的法治营商环境。

6.1.2.3 规范执法行为，提升政府政务服务水平

在执法环境建设方面，北京市通过地方立法和相关政策不断提升政府政务服务水平，为科技型企业提供便利政务服务。《北京市优化营商环境条例》通过统一政务服务标准，创新政务服务方式，通过编制并公布全市统一的政务服

务事项目录及其办事指南、政务服务"一网通办"提高政务服务质量，为市场主体提供规范、便利、高效的政务服务。《北京市进一步优化营商环境更好服务市场主体实施方案》进一步聚焦市场主体关切。拓展国际贸易单一窗口功能，探索建立外商投资一站式服务体系，进一步简化境外投资管理流程，并为国际人才工作生活提供便利。进一步提高进出口通关效率和减轻进出口企业的负担。《北京市培育和激发市场主体活力持续优化营商环境实施方案》落实国家高水平对外开放决策部署，为外商提供"一站式"服务，着力打造更加自由便利的国际化营商环境，促进贸易投资自由化，便利外资企业准入，深化国际贸易便利化改革，打造智慧口岸和单一窗口建设，营造公平、透明、可预期的国际化营商环境。

《北京市助企纾困优化营商环境若干措施》规定，提升高新技术货物通关效率，优化对高新技术进口货物查验模式，有效降低高新技术货物损失风险。《北京市关于实施"三大工程"进一步支持和服务高新技术企业发展的若干措施》，为北京市高新技术企业高质量发展提供服务，实施"筑基扩容""小升规""规升强"三大工程，健全培育支持服务体系，助力企业发展。

6.1.2.4 加强法治宣传教育，推动形成共建科技领域法治化营商环境的良好氛围

在守法环境建设方面，北京市民政局开展政策宣讲，通过座谈、培训、宣讲、微信公众号等多种方式进行解读和宣讲，推动市场主体应知尽知、应享尽享。落实完善科技成果评价机制，坚决反对"为评而评"，杜绝科技成果评价中急功近利、盲目跟风。政府各部门加强政策宣传解读，推广典型经验做法，营造良好的科技领域评价环境。

6.2 上海市科技领域法治化营商环境建设

6.2.1 上海市科技领域营商环境制度概述

自2017年开始，上海市陆续推进营商环境1.0—7.0方案，持续推进优化营商环境，打造国际一流营商环境，优化更具国际竞争力的营商环境。科技型企业是最具有活力的市场创新主体，可以充分吸纳人才，缓解就业紧张。长期以来，上海通过颁布和实施主要的法规政策文件，聚焦科技企业创新主体培育，优化科技领域营商环境和政务服务，为科技企业提供创新资源，激发科技领域发展活力。

6.2.1.1 《着力优化营商环境加快构建开放型经济新体制行动方案》

2017年，为加快优化营商环境，上海市推出营商环境1.0版本。《上海市着力优化营商环境，加快构建开放型经济新体制行动方案》旨在为科技型企业营造更具活力的创新创业环境。全面实施《上海市促进科技成果转化条例》，深入推进科技金融模式创新，加强国内外创新交流服务平台建设。通过强化营商环境法治化建设，优化科技领域营商环境。

2017年12月，上海推出优化营商环境2.0版本，开展优化营商环境专项行动计划，大幅改善企业办事全流程所花时间、效率和费用，包含开办企业、施工许可办理、获得电力等25方面的内容。对这些企业办理频率较高的政务服务，该方案在办理环节、办理时间等方面均给出了明确的数量指标。

6.2.1.2 《上海市全面深化国际一流营商环境建设实施方案》（2020年）

2020年2月20日，为深入贯彻落实《优化营商环境条例》，持续提升上海城市能级和核心竞争力，《上海市全面深化国际一流营商环境建设实施方案》营商环境3.0版本出台。方案在科技领域营商环境建设方面推行两项举措。一是完善知识产权公共服务平台，强化知识产权司法保护，加强行政执法，完善仲裁调解机制。通过加大知识产权保护，来促进科技成果转化。二是解决科技企业融资困难的问题，进一步做大科技信贷产品与服务，推动高校、科研院科技成果转化，推动中外企业在科技领域务实合作，促进科技型中小企业创新健康发展。并持续推进涉外营商环境，为外国科技人才提供高效服务，为上海市科技发展提供完备的人才保障。

6.2.1.3 《上海市优化营商环境条例》

2020年4月10日，上海市第十五届人民代表大会常务委员会第二十次会议通过《上海市优化营商环境条例》。全文一共分为8章79条，除去附则等配套规定，其他规范条款都制定详细的实施细则和规范，真正体现问题导向原则和"小而精"立法的针对性和可操作性特点。该条例列出了以下制度：

（1）鼓励科创中心国际组织落户。

（2）加强跨区域知识产权执法协调机制。

（3）依托人才服务中心，为高层次人才工作生活提供便利。

（4）发展科技企业孵化器，鼓励支持高校、科研院所科技成果转化。

（5）建立优化营商环境工作激励机制等举措，持续推进科技领域法治化营商环境建设。

6.2.1.4 《上海市人力资源和社会保障局2020优化营商环境举措11条》

2020年4月30日，上海市人力资源和社会保障局印发《上海市人力资源和社会保障局2020优化营商环境举措11条》，通过积极打造"海外人才集聚工程2.0"工程，创新人才服务机制，鼓励人才来沪创新创业，为上海创新型人才提供。

6.2.1.5 《关于新时代上海实施人才引领发展战略的若干意见》

2020年9月8日，上海市发布《关于新时代上海实施人才引领发展战略的若干意见》，不断完善外国人来华工作许可"不见面"审批，"一固二增三减"，为用人单位和外国人才来华工作提供更多便利，为科技企业输送人才。

6.2.1.6 《上海市全面深化国际一流营商环境建设实施方案》（2021年）

2021年3月3日，为持续深化国际一流营商环境建设，上海市推行优化营商环境4.0版本——《上海市全面深化国际一流营商环境建设实施方案》。方案中涉及科技型企业的相关举措包括：

（1）继续完善中小企业融资综合信用服务平台。

（2）加强对知识产权的创造和应用，建立完善知识产权全链条保护体系。

（3）实施新一轮科技成果转化行动，进一步优化人才服务，依托"留·在上海"留学人才服务平台等举措，进一步优化营商环境，为科技型企业提供发展动力。

6.2.1.7 《上海市营商环境创新试点实施方案》

2021年12月27日，上海市根据《国务院关于开展营商环境创新试点工作的意见》，制定上海市营商环境5.0改革《上海市营商环境创新试点实施方案》。方案从市场环境、政务环境、投资环境、涉外营商环境、创新环境、监管环境、企业全生命周期服务、创新引领高地、区域合作、法治环境10个方面提出了172项改革举措，其中新增了"着力打造创新引领的营商环境高地"和"着力打造协同高效的营商环境合作示范区"两方面任务，以及体现地方特色的71项举措。

5.0方案为进一步优化科技领域法治化营商环境，打造更具活力的创新环境。着力打造创新引领的营商环境高地和科学规范的法治环境，加强营商环境立法和执法监督。通过加强事前产权激励，进一步完善科研人员发明成果分享机制；在涉外营商环境方面，完善外资外贸和扩大开放的相关制度安排，提升国际贸易"单一窗口"功能，简化研发用途设备和样品进出口手续，探索建立国际职业资格证书认可清单制度等，进一步提升上海对外商投资的吸引力。在创新环境方面，实施方案强调要聚焦创新产业链融合，并通过完善科研人员职务发明成果权益分享机制，健全知识产权质押融资风险分担机制和质物处理机制等制度措施，进一步加强知识产权保护，营造良好人才创新生态环境，支持企业创新发展。

6.2.1.8 《长三角国际一流营商环境建设三年行动方案》

2022年11月18日，国家发改委印发《长三角国际一流营商环境建设三年行动方案》，持续优化经常涉企服务。建立健全更加开放透明，规范高效的市场主体准入和退出机制，为科技企业提供便利。促进长三角深入推进包容普惠创新，通过深化科技成果使用权、处置权和收益权改革，鼓励各类企业在长三角设立总部机构研发中心，完善科研人员职务发明成果权益分享机制等举措，进一步优化科技领域营商环境。

6.2.1.9 《上海加强继承创新持续优化营商环境行动方案》

2023年，上海市发布营商环境6.0版本行动方案，即《上海加强继承创新持续优化营商环境行动方案》，6.0版行动方案与前5个版本相衔接，践行"有求必应、无事不扰"服务理念。6.0版行动方案共有195项任务措施，从四方面推进：深化重点领域对标改革，提升营商环境竞争力；优化企业全生命周期服务和监管，提升市场主体满意度；支持重点区域创新引领，提升营商环境影响力；加强协调配合、督查考核、宣传推介。在知识产权保护和运用方面，强化数字赋能知识产权治理，全面推动知识产权保护"一件事"集成服务。

6.2.1.10 《上海市坚持对标改革持续打造国际一流营商环境行动方案》

2024年2月，上海出台《上海市坚持对标改革持续打造国际一流营商环境行动方案》，营商环境7.0版本正式施行。该方案更加突出用户意识，更强调触达企业。完善"知识产权营商环境体验官"制度，通过从社会上广泛遴选一批有能力、有亲和力、有敏锐度的专业人士，让他们问需于企，发挥桥梁纽带作用，形成"体验、评价、反馈、整改、核验"的闭环，为营商环境建设提供坚实保障。

6.2.2 上海市科技领域营商环境建设经验

6.2.2.1 构建多方参与、共参共治的科技企业创新投入机制

完善从科技创业团队到初创及小微科技企业、高新技术企业、科技小巨

人（含培育）企业、科创企业上市培育科技企业财税政策扶持链。帮助科技企业特别是中小企业从创业初期走向发展壮大。上海市科创板59家上市企业中，超90%为高新技术企业，超70%为科技小巨人（含培育）企业。

持续优化科技金融生态。近年来，上海引导在沪金融机构积极推出针对科技企业特别是中小企业的信贷服务和产品，全力纾解融资难题。一方面，探索融资产品创新。2021年9月，市科委会同市地方金融监管局发布《关于试点科创助力贷工作的通知》，进一步丰富科创金融产品供给。上海银行业扎实推进专门面向科技型中小企业的"科技履约贷""科技微贷通"等金融产品，由政府、银行、保险共同对贷款损失进行风险分担。另一方面，提升信贷服务质效。推动商业银行设立重点服务科技产业的科技支行、科技特色支行和专属科技金融部门。目前，上海市已设立科技支行7家，科技特色支行91家，辖内服务科技金融队伍力量不断壮大，形成了覆盖全市的科技金融服务网络。实施科技型中小企业和小型微型企业信贷风险补偿办法，对不良率在一定区间内的不良贷款进行风险补偿，对小微信贷成绩突出的银行业金融机构予以奖励。

引导社会资本参与企业创新。市科委鼓励支持科技孵化器、众创空间等创新创业载体优化服务方式，设立投资基金，积极探索孵投联动方式支持创新创业的企业和团队，涌现出了莘泽、起点创业营等通过"孵化+投资+服务"的模式集中资源培育初创企业。同时，依托"创·在上海"国际创新创业大赛等活动平台，联动创业服务机构、投资机构、专家、媒体等多元主体共同支撑中小企业创新发展。

6.2.2.2 执法领域，完善鼓励创新的政府服务体系

上海市不断深化"一网通办"改革，推动公共服务、便民服务优化，切实增强科技型企业的获得感、满意度。市科委通过优化门户网站、微终端、办事大厅、服务热线"四位一体"的政务服务体系，推进科技创新政策实施。强化平台支撑，引导各类的创新要素向企业集聚。加强科研诚信建设，营造诚实守

信的良好科研环境。《上海市科技信用信息管理办法（试行）》正式实施，科技信用信息平台启动建设，加强宣传教育，提升企业和科研人员的诚信意识。

深化公共数据治理，以数字化转型提升创新服务能级。市地方金融监管局会同市经信委、市大数据中心等鼓励商业银行运用大数据、云计算、人工智能等技术，建立风险定价和管控模型，优化信贷审批发放流程。推动大数据普惠金融应用增量扩面，依托"一网通办"大数据平台，向在沪银行开放上海市8个部门提供的386项公共数据。2021年，大数据普惠金融应用2.0上线。机构类型从银行首次拓展到金融市场、保险等，参与机构从18家增加至33家，首次实现涉农管理、民政管理等公共数据向金融机构开放。

6.2.2.3 推进科技成果转化

推动科技成果向生产力转化。长期以来，上海市科技部门建立健全市区联动机制，推动闵行大零号湾、杨浦大学科技园、嘉定环同济、宝山环上大等创新创业集聚区建设，发挥地方政府、高校、园区、大企业等作用，优化社区、校区、园区三区协同机制，提升科技创新策源功能，促进科技成果转化孵化、创业、产业化落地，培育经济发展新动能。如2021年大零号湾核心区内高能级科创载体达16个，载体面积超50万方，入驻企业超500家。

6.2.2.4 搭建科创企业信息共享平台，助力科创企业发展

建立健全科创企业信用信息共享应用平台。上海坚持服务以中小微企业为主的，包括科技企业在内的融资需求作为信用应用的重点方向，以公共信用信息为基础，解决银企信息不对称，缓解企业融资难、融资贵问题。目前，上海市部门间信用信息归集共享力度不断加大，推动设立地方征信平台，探索公共信用信息和金融信用信息的融合共享。市公共信用信息服务平台已收集全市82家部门、公共事业单位及社会组织等提供的6700类企业公共信用信息。同时，依托市公共信用信息服务平台，搭建了市中小企业融资综合信用服务平台（简称信易贷平台）。通过信用建模分析，向金融机构提供信用评价产品及实用

有效的信用报告。信易贷平台已于2020年5月上线运行，至2021年底累计授信金额超过4300亿元。下一步，相关部门将继续完善信易贷平台功能，持续推动数据归集、渠道推广、综合配套支撑、区域特色应用等，助力产业发展。

6.2.3 上海市科技领域法治营商环境优化的总结

6.2.3.1 立法环境建设方面

立法环境建设方面，2020年正式施行《上海市优化营商环境条例》，并结合地方规章，制定了详细的实施细则和规范，涉及领域覆盖了该条例的50余项条款内容。

完善意见反馈机制，不断优化科技领域营商环境建设。优化营商环境负责部门应充分听取市场主体特别是各企业的意见和建议。《上海市优化营商环境条例》第六十三条规定：上海市制定与市场主体生产经营活动密切相关的地方性法规、规章、行政规范性文件，应当通过报纸、网络等向社会公开征求意见，并且以便于公众知晓的方式及时公布，以此来建立健全意见反馈机制。

建立健全开放创新的科技体制机制。创新科技金融模式，进一步扩大上海市股权托管交易中心"科技创新板"规模。加强国内外科技创新交流，鼓励建设外资研发中心，加强重大科技基础设施的开放共享。着力打造创新引领的营商环境高地和协同高效的营商环境合作示范区。完善创新创业全周期政策服务链，缓解科技企业融资难、融资贵的问题，进一步完善科技信贷产品与服务，推动高校科研院所科技成果转化，推动中外企业在促进政策、贸易投资、科技创新等领域的务实合作，实施中小企业创新计划，促进中小企业健康发展。

建立健全引才用才育才机制，着力建设吸引和聚集人才的平台，引进青年创业人才和科技服务人才，构建高级人才队伍。发挥好科研机构、高新技术企业和高等学校主体的作用，搭建科技人才发展平台，面向全球引才用才。开展高级人才培养工程，科研机构、企业、高校三者合作，培养创新科技人才。

优化国际人才管理服务,完善人才服务体系。上海市通过立法建立"外国人工作、居留单一窗口"制度,并依托"留·在上海"留学人才服务平台,大力引进海外人才。建立健全市场主导的人才服务体系,以海外人才需求为导向,打造"一网通办"一站式涉外服务平台,吸引更多海外人才来上海创新创业,为外商投资企业和海外人才出入中国学习和工作提供便利。

6.2.3.2 执法环境建设方面

上海市对在优化营商环境工作中表现突出的单位和个人给予奖励和保障,调动工作积极性,以优化营商执法环境。《上海市优化营商环境条例》第七条规定:市、区人民政府应当建立优化营商环境工作激励机制。工作激励机制可以进一步提高营商环境工作的质量和效率,不断提高科技领域优化营商环境的水平。

开办企业全程网上办,依托政务服务平台,建立"一窗通"服务平台。申请人可一表填报信息、一次提交数据,无须二次登录即可实现市场监管、公安、税务、人力资源和社会保障等部门数据同步采集、业务同步办理、结果实时共享,营业执照、企业公章、涉税事项并联办理,员工就业参保在线登记与执照同步办结,还可享受银行预约开户和单位公积金办理业务,实现开办企业统一提交、一天批准、当天领取,最快2天可营业。

依托政务服务平台,建立包括电子认证、电子签名、在线提交、在线审核、网上发照、电子归档在内的企业设立全程电子化登记系统,企业设立登记系统与公安人口库、不动产登记库、公安地址库的数据共享,实现数据标准的统一和辅助审查。建立集中登记地管理维护系统,以集中登记地作为企业住所的,实行住所申报承诺制。

6.2.3.3 司法环境建设方面

建立12368诉讼服务平台,提供立案流程指引、网上立案、诉讼费计算、诉讼费用缴纳、文书样式查询、个案智查、智能法宝、失信被执行人信息查询、司法拍卖、在线调解等十大类14项诉讼服务。上海法院诉讼服务平台入驻上海市"一网通办"总门户，在法院诉讼服务平台与政府政务平台之间实现数据有效对接。当事人可通过"一网通办"公共支付平台，或使用微信、支付宝、银联等支付渠道，或携带缴费通知前往银行缴费等多种支付方式，获得诉讼费线上和线下缴费服务。

实施知识产权质量提升工程，强化知识产权司法保护，加大对侵权假冒行为的惩戒力度，加强知识产权行政执法，探索建立知识产权司法执法联动协作机制，完善知识产权仲裁调解工作机制，完善知识产权纠纷多元解决机制，充分发挥行业协会和调解仲裁，知识产权服务等机构在解决知识产权纠纷中的积极作用，建立健全社会共治模式，构建知识产权"严保护、大保护、快保护、同保护"工作格局。

6.2.3.4 守法环境建设方面

通过实施政务服务"好差评"制度，提高上海市政务服务水平。"好差评"制度是指在上海市所有政务服务实体办事窗口配置政务服务"好差评"二维码，市民、企业办完事，可以通过"随申办"移动端、微信、支付宝等"扫一扫"对办事窗口进行评价。一星最差，五星最好。数据统一汇聚，评价统一标准，评价结果在"一网通办"和"随申办"移动端向公众公布。市政府办公厅将定期公开各区、各部门"好差评"综合排名情况，定期通报突出问题和典型案例。为保障评级数据准确，政府相关部门要定期进行回访。将"好差评"的评价结果作为提升政务服务水平及服务型政府建设的重要参考。

探索创建适合市场主体的法治宣传新模式，采取以案释法、场景互动的方式，提升法治宣传效能。遵循"谁执法谁普法""谁服务谁普法"的原则，探索将优化营商环境法治宣传工作纳入普法责任制考核。

6.3 广东省科技领域法治化营商环境建设

6.3.1 广东省科技领域营商环境建设历史分析

早在2012年，广东省就出台了《关于建设法治化国际化营商环境的五年行动计划》。自此，广东省在全国优化营商环境的进程中一直位于前列。2018年，广东省印发《广东省深化营商环境综合改革行动方案》，开始对营商环境改革做出全面部署。2019年7月，广东省人大常委会发布施行《关于大力推进法治化营商环境建设的决定》，为全省营商环境建设提供法治保障。2020年，广东省再次印发《广东省深化营商环境综合改革行动方案》，加快对外开放步伐，营造更加开放的营商环境。2022年6月1日，《广东省优化营商环境条例》表决通过，营商环境再添法治保障。2022年9月底，《广东省版权条例》通过，明确把版权工作纳入营商环境评价体系。多年来，广东省在法治化营商环境建设上坚持不断完善，取得良好效果。根据2022年的《中国区域创新能力评价报告》，广东区域创新能力连续六年排名全国第一。同时，广东也是全国营商环境评价排名第三的省份。可见，广东省科技领域法治化营商环境建设效果较好，形成广东特点的科技领域营商环境法治化的丰富经验。

6.3.2 广东省科技领域营商法治环境建设举措

6.3.2.1 加强立法建设，建立健全保障营商环境的法律规章体系

2019年7月，广东省人大常委会在全国率先以重大事项决议的方式公布《关于大力推进法治化营商环境建设的决定》，提出建立健全保障营商环境的法律规章体系，科学编制立法规划和立法工作计划，优先安排涉及法治化营商环境的法规规章。

在立法工作中把营商环境优化的法规摆在优先位置，同时抓紧制定、修改了许多相关立法。例如，《自主创新促进条例》《社会信用条例》《版权条

例》《人力资源市场条例》《促进中小企业发展条例》等。2019年9月修订通过《促进中小企业发展条例》，部分法规问需于企，依据企业反馈问题建章立制。2021年3月出台的《社会信用条例》，更好地应对信用管理中可能出现的变化。2021年7月表决通过的《数字经济促进条例》特别关注中小型企业转型发展。2021年1月，广东省出台《外商投资权益保护条例》，回应外资企业诉求，助力高水平对外开放。2021年6月，内容更加系统、全面的《广东省优化营商环境条例》颁布。

　　在省级层面积极建立健全营商环境法规体系的同时，各地因地制宜推出各具特色的立法。比如，2020年9月，珠海市人大常委会发布《关于优化珠海市营商环境的决定》。2020年底，深圳市颁布《优化营商环境条例》。广东省由点及面、成体系地推进系列立法，形成省市联动、打造法治化营商环境的雁阵格局。

　　广东省全面推进营商环境法治化建设，制定环境建设新的五年行动计划，完善法律规则，探索开展广东省营商环境的地方立法工作，加快推进社会信用体系，对网络交易等重点领域进行地方性立法。与此同时，广东省不断完善科技领域营商环境相关法律制度。

　　广东省通过立法，规制商业银行及金融机构对小微企业的不必要收费，全面取消并清理贷款审批歧视性规定，减轻小微企业贷款压力。小微企业通过贷款缓解经济压力，促进小微企业尤其科技型企业的良性发展。

　　广东省通过立法完善支持市场主体技术创新的扶持政策和激励措施。政府推动市场主体和科研机构、高等院校合作交流，加快推动科技成果转化和科技成果产业化。《广东省优化营商环境条例》第二十一条第一款规定：县级以上人民政府及其科技等有关部门应当推动市场主体与科研机构、高等学校以及其他组织通过合作开发、委托研发、技术入股、共建新型研发机构、科技创新平台和公共技术服务平台等产学研合作方式，共同开展研究开发、成果应用与推广、标准研究与制定等活动，提高市场主体自主创新和科技成果转化能力。加大对科技型企业税收以及研发费用优惠待遇。第二十一条第二款规定：市场主体开展研究开发活动，按照有关规定享受研究开发费用税前加计扣除、科研仪器设备加速折旧、技术开发和转让税收减免等优惠待遇。

科技成果转化方面，试点科技成果权属制度改革，按照有利于提高成果转化效率的原则，高校科研机构可以与科技人员共同申请知识产权，赋予科技人员重构所有权，最大程度激发科研人员转化的积极性。理顺高校资产管理公司科技成果作价投资机制。对科技人员实施股权激励，提高科技成果转化积极性。高校科研机构可以围绕优势专业领域，加强科技企业孵化器发展，科技成果转化收入可留归高校、科研机构自主使用。提高高校和科研机构的积极性，加快科技企业孵化器发展。

建立引才用才育才机制。补贴港澳人才和外籍高层次人才内地工资薪金所得税负差，吸引境内外高端人才、紧缺人才来珠三角创新创业。优化人才永久居留和出入境政策。简化外籍人才签证办理程序，外籍团队成员及科研助手可办理相应期限的工作许可和居留许可。对不能享受社会保险待遇的外籍人才允许用人单位使用财政资金，为其购买商业养老和商业医疗保险。发挥科技型企业家在科技创新人才队伍建设中的引领作用，强化企业家在科技创新中的重要作用，实施企业家职称评审直通车制度。科技型企业家可以直接申报高级专业技术职称。财政和税收方面，对初创期科技型中小企业地方财政贡献进行反哺。降低成长初期的科技型中小企业成本负担，扶持科技型中小企业。比照提高科技型中小企业研发费用税前加计扣除额至100%。鼓励有条件的地级以上市对评价入库的科技型中小企业按25%研发费用税前加计扣除标准给予奖补，激发企业创新活力，提升企业市场竞争力。改革省科技创新券使用管理，重点支持科技型中小企业和创业者购买创新创业服务，促进省内科技型中小企业利用科技创新券购买科技服务，进而与高校和科研院所进行合作。

6.3.2.2 规范执法行为，提升政府政务服务水平

广东省立法规定按照鼓励创新的原则执法。《广东省优化营商环境条例》第五十一条规定，对新技术、新产业、新业态、新模式等实行包容审慎监管。对符合国家和省的政策导向的新技术、新产业、新业态、新模式市场主体，可以按照规定优先采取教育提醒、劝导示范、警示告诫、行政提示、行政指导、行政约谈等方式执法。

各级人民政府及其有关部门应当加强对市场主体的产权保护。当行政机关作出的行政执法决定有错误的，应该进行追责。

广东全面优化全流程网上办理，统一线上线下一窗办理业务流程，努力将不动产登记和办税便利化，打造为广东省优化营商环境的特色品牌。持续提升民众对不动产登记改革的获得感和幸福感；在开办企业方面，广州市上线"开办企业一网通平台"实现"一表申报，一个环节，最快0.5天办结"；在跨境贸易方面，广州市建立24小时全天候智能通关系统，企业可通过"单一窗口"和"互联网+海关"实现一键通关；在办理破产方面，广州市实行破产案件"繁简分流、快慢分道"；不断提升人员出入境便利化水平，对创新创业团队的外籍成员和企业选聘的外籍技术人才实施永久居留积分评估制。

持续加大科技领域"放管服"改革力度。简化科研项目过程管理，减少项目实施周期内的各类评估、检查、抽查、审计等活动。根据《省级财政科研项目资金管理监督办法》，项目承担单位应当增强服务意识和水平，减少繁文缛节。

6.3.2.3 推进公正司法，切实维护科技领域营商环境的法治秩序

在科技领域法治化营商环境建设方面，广东省实施最严格的知识产权保护制度。健全知识产权仲裁和纠纷调解机制，强化知识产权保护行政执法与刑事司法的衔接，加强知识产权审判领域改革创新，设立更多知识产权巡回审判法庭和诉讼服务中心。为科技型企业科技成果转化和科技产业化提供制度保证。

通过完善涉外法律服务工作机制,建立健全全面覆盖城乡、便捷高效的现代化公共法律服务体系。通过完善法律服务体系,优化科技领域营商环境,为科技型外资和外商企业来华发展提供完善的法治保障。

广东省创新商事纠纷解决方式,打造亚洲区域仲裁中心,提升商事仲裁国际化水平。建立一站式多元化纠纷解决机制,为科技型企业等市场主体提供多元化纠纷解决渠道。

6.3.2.4 强化营商环境建设监督,形成科技领域法治化营商环境多元治理格局

对涉及科技领域营商环境的问题或者违法行为,通过各行业各渠道对营商环境进行高效监督。科技型企业等市场主体可以通过政务服务便民热线、在线政务服务平台等渠道进行投诉、举报。鼓励支持行业协会、商会等第三方机构对优化营商环境问题开展调研并提出专业性意见。环境主管部门建立优化营商环境特约监督员制度,对营商环境问题进行高效监督。支持新闻媒体对营商环境进行舆论监督。

加强科研诚信和科研伦理建设。坚守科研诚信与科研伦理底线,不断完善相关法律法规和规章制度,加强科研诚信信息跨部门、跨区域共享共用,对严重违背科研诚信和科研伦理要求的行为零容忍。

6.4 启示

第一,在立法环境建设上,上海、北京和广州都在地方营商环境条例修改的同时,针对科技领域出台相关规范性文件和政策。立法形式上主要采用办法、意见等规范性文件形式和地方性法规,为科技创新的综合立法和以企业、行业、技术为对象的专门立法。立法过程中,采取立法听证和参与的形式。立法主体上,省、市的地方人大、地方政府和地方各部门分别出台各层级的文件,各部门制定各部门的具体办法。天津科技领域营商环境应当对接科技创新的综合立法和规范性文件。在立法程序上，依照《中华人民共和国立法法》和《天津市行政规范性文件管理规定》，依照地方行政规范性文件制定的具体办法，完善企业、行业、技术为对象的专门规范性文件体系。

第二，在执法环境建设上，科技类行政服务、行政执法等的质量提升是三地的建设重点。三地都实施行政事项清单化，推动行政服务电子化、快捷化。科技类审批做到一次办、尽快办。科技类执法做到透明、公正、有效。天津面临同样的任务，可以进一步明确行政事项的清单，优化政府服务平台设计，做好双随机一抽查执法、一次性执法、精准执法。比较特别的是，上海、北京对涉外营商环境的重视。因为三地属于创新排名靠前城市，对涉外创新人才需求较高，涉外营商行为活跃，所以涉外营商环境建设力度较强。天津作为社会主义现代化大都市，在科技涉外营商环境方面需要做好制度建设。

第三，在司法环境建设方面，司法程序的完善和纠纷解决机制的完善是主要方面。广州强调巡回审判和涉外法律服务的完善。上海强调诉讼服务平台建设和费用缴纳的便利。北京强调繁简分流。这些做法都值得天津参照。天津需要完善在线诉讼的制度建设，提高在线诉讼的利用率，完善科技类纠纷处理的司法经验，提高知识产权侵权案件的惩罚力度，做好科技型企业的诉讼应对经验的辅导工作。

第四，在守法环境方面，三地都重视对科技领域营商环境建设的监督，通过行业监督、协会建设、商会监督、媒体监督、聘用专员监督、专家监督等第三方监督等形式构建监督体系。同完善普法宣传机制，将营商环境的专门宣传纳入到普法责任制，争取做到应知尽知，应享尽享。天津科技领域营商环境建设有必要重视普法宣传工作，进一步加大宣传力度、强度、广度、深度，从宣传主体、宣传渠道、宣传方式等维度借鉴三地的成功做法，提升科技型企业的守法意识，促使营商环境建设在科技领域的法治化。

综上所述，他山之石，可以攻玉。北京、上海、广州作为创新指数排名靠前的省份，科技领域营商环境的建设经验具有一定的先进性。结合天津的科技创新现状和目标，需要在立法环境、司法环境、行政环境、守法环境方面参照有益的先例，进一步优化制度体系，提升制度效果，保障市场主体的合法权益，减少市场行为的制度成本，促进天津科技型企业的健康发展。

第7章 天津市科技领域法治化营商环境的优化路径

本章结合天津市法治建设的目标、营商环境优化的目标和科技创新发展的目标，确定科技领域法治化营商环境建设的总体目标，通过调研访谈发现建设过程中存在的问题和形成的原因，最后提出优化科技型企业营商环境的具体方案和总体思路。主要采用实证分析法，设计调查问卷，进行部分地区科技型企业的实际调研和访谈，了解天津市科技型企业对营商环境建设的评价和需求，总结主要问题，分析出现问题的原因，提出具体措施。同时运用文献分析法，对有关天津市法治化营商环境建设的相关重要法律法规政策文件进行阐释和分析，阐明天津市科技型企业营商环境建设优化的目标和内涵。本章首先立足天津市科技型企业营商环境有关的法律法规政策文件，提炼天津建设的总体目标——一流营商法治环境。然后通过问卷调研和走访，总结目前环境中的问题和企业需求，分析问题的原因。最后和相关经验进行比较借鉴，提出天津市法治化营商环境优化建设的系统方案。

7.1 天津市科技领域法治化营商环境建设目标

营商环境往往代表了一个国家或者地区的经济发展水平，和市场主体的利益息息相关，对经济社会发展有着至关重要的影响。国务院在2019年制定并且在2020年实施的《优化营商环境条例》为全国各地区法治化营商环境建设指明方向。在国家发展和改革委员会的指引下，天津市加快营商环境建设步伐，于2019年出台了《天津市优化营商环境条例》，对标党中央、国务院优化营商环境的决策部署和市委部署要求，进一步优化营商环境，制定《天津市优化营商环境三年行动计划》等一系列政策，全力打造市场化、法治化、国际化的一流营商环境。

科技是第一生产力，创新是一个民族进步的灵魂。科技创新可以大幅提高新质生产力，打破技术壁垒，是增强国家或地区竞争力的关键因素。由此可见，加快科技创新发展具有重要意义。从整体上看，天津市的营商环境建设处在全国领先水平。就目前的科技领域营商环境建设来看，还存在科技型企业融资等发展环境差、企业产业结构升级存在压力、知识产权发展质量不高、科技领域人才培养机制不完善、金融体系不够优化、科技基础设施不完备等问题。

天津市旨在通过完善科技领域立法，深化科技体制改革，瞄准国家战略需求和天津产业发展需要，建设更多高水平科技创新平台，最大限度地激发市场主体的活力和创造力，释放经济潜力，促进新质生产力发展，营造一流科技领域法治化营商环境。

立法目标方面，天津市政府贯彻落实以习近平同志为核心的党中央关于科技创新决策部署，旨在健全科技法律体系，加强科技创新立法，在法治轨道上推进科技治理体系和治理能力现代化的有力保障。通过立法将相关的政府部门、科技型企业、科研机构的性质、任务、权利、义务及其不同的法律地位在法律上予以规范。

执法目标方面，通过完善科技领域行政执法、增强行政执法公信力、提升行政执法满意度，健全完善的依法行政体系，实现执法效能的最大化。通过全面优化政务服务，建设智能高效的数字法治政府，培养高质量的、拥有科技知识的复合型法律人才，助推科技领域法治化营商环境建设，为科技市场主体提供便捷高效的政务服务。

司法目标方面，建立完善的社会矛盾纠纷多元预防综合机制，加强对知识产权等各类产权的司法保护、提高司法透明度和司法公信力，提高司法效率，健全法律纠纷解决机制，及时有效地解决科技领域的司法案件，培养一批熟悉科技知识的复合型法律人才。

守法目标方面，天津市政府坚持"大众创业、万众创新"原则，营造全市崇尚科技的氛围。引导和推动群众性发明创造活动，宣传普及发明创造知识，聚众智、汇众力，不断增强全社会的创新活力。营造崇尚科技、崇尚法治，自觉尊法学法守法用法的良好氛围。

7.2 天津市科技领域法治化营商环境建设的对策

科技创新能够催生新产业、新模式、新动能，是发展新质生产力的核心要素。必须为科技企业创造良好的营商环境，加强科技创新，培育发展新质生产力的新动能。根据近年天津市科技领域营商环境建设的工作举措，查明天津市科技领域营商环境建设存在的问题，借鉴国内外典型地区的营商环境建设经验，从立法、执法、司法、守法环境入手，对天津市的科技领域营商环境提出以下对策建议，使科技创新成为带动天津市经济发展的重要引擎，推进经济高质量发展。

7.2.1 立法环境完善

（1）遵循习近平法治思想，完善科技领域法律法规。以习近平法治思想为指引，坚持党对立法工作的全面领导，确保制度构建能够沿着正确的政治方向进行。丰富科技领域立法，为科技型企业制定适应其发展的法律法规。例如，应当加快修改《天津市优化营商环境条例》，并适当对科技领域的部分进行专项条文制定。加快出台《天津市科学技术奖励办法》，完善天津市的科技奖励制度体系，充分调动广大科技工作者的积极性。

（2）科技领域营商环境相关的法律法规及时进行立、改、废工作。法与时转则治，治与世宜则有功。营造良好的科技领域法治化营商环境，需要与时俱进推动科技领域相关法律制度不断完善。政府各部门应密切注视和跟踪科技发展的新态势，对科技领域的法律进行废、改、立，使立法具有鲜明的时代性与预见性，发挥法律和政策的导向作用。天津市的科技立法体系应当建构起以基本法为基础，面向科技创新的、以相关配套法规和专门法规为内容的法律体系。例如，《天津市优化营商环境条例》已适用三年半，一些条文已经不符合天津市营商环境的现实状况，且条例中涉及科技领域营商环境内容较少。同时做好规范性文件的管理，会同专家和法律顾问对所有出台的规范性文件开展合法性审查工作，做好规范性文件的清理评估工作，梳理全市的法规规章和规范性文件，对不符合改革决策和上文规定的文件予以修改和废除。

（3）强化科技立法主体的法律责任。天津市的科技领域相关立法中，没有明确规定政府和相关科技主体的立法责任，对政府的资金投入数量、方式也没有做出明确规定，没有完善的监督主体和监管制度对各类奖金、创新项目资金进行有效的监督和规制。建议立法保障天津市科技发展的方针、战略，及时制定相应特别法，以明确规定政府的资金投入数量，规定政府及相关科技主体的法律责任。天津市的科技法律规范无论是法律的内容、体系，还是法律责任都没有体现法律应有的强制性与权威性。《天津市优化营商环境条例》和《天津市科学技术进步促进条例》没有对具体的法律责任进行规制，只是写入一些原则性规定，需要增加违法后果的法律责任。可见，提高天津市科技法律规范的整体层次与效力是未来立法的重要任务。建议立法过程中聘请科技领域的复合型法律人才参与法律起草和编撰。

（4）提高科技立法的权威性。完善科技型企业营商环境的立法体制机制，天津市人大、地方政府立法机构等立法主体必须树立依法立法、科学立法、创新立法的立法理念，强化对科技型企业的主体地位认识。在正确立法理念的指导下，完善立法规划，增强立法的整体性和系统性，形成促进科技型企业营商环境发展的长效机制，助力科技型企业健康发展。完善立法后评估机制，通过评估来发现立法中可能存在的问题，填补立法空白，提升立法的科学性与适应性。

（5）立法过程中加强民主参与。习近平总书记在党的二十大报告中指出，必须将全过程人民民主贯彻到立法工作的各环节和各方面，确保立法体现人民利益、反映人民愿望、维护人民权益、增进人民福祉，充分反映体现人民意志。拓宽公众参与立法渠道，提高民主参与的深度和广度。由于科技立法具有专业性等特点，立法过程中必须加强民主参与，通过座谈会、听证会，广泛征集科技型企业、科技领域立法专家等的意见。确定重大立法决策事项向社会公开，严格履行社会公众参与、专家咨询论证、风险评估、合法性审查、集体讨论等规定，提高立法质量和效率。组织科技领域法学专家组成的立法咨询专家委员会，成为立法机关的常设性机构，提高立法的科学性和针对性。

7.2.2 执法环境完善

（1）推进数字政府建设，完善政务信息公开制度，加强数据共享，建设智慧服务型政府。设置科技立法板块，梳理整合科技领域相关法规政策。借鉴北京市的相关做法，在天津市人民政府官网上为科技领域法治化营商环境设置专门板块，将相关的科技法律法规、政策整理进天津市人民政府和天津市科技局的官网中，方便各类市场主体查阅搜索，形成便捷化、数字化的宣传效果。

政府各部门协同完善环境优化建设，提供全生命周期的营商活动指导。完善"一网共享""互联网＋监管""好差评"、政务公开等专项任务的落实，加强数字政府改革建设各项评估工作。强化天津市政务服务智慧化水平，逐步打通数字壁垒，实现数据标准统一，互联共享。完善政府政务信息公开制度，最大化提高政务信息公开度。借鉴上海的经验，完善信用"好差评"制度，定期举行听证会，真正听取企业和民众的意见，提供更加优质的政务服务。通过政府间各部门的工作报告会议，增强政府各部门的沟通协调，加强内部合作，避免政策冗杂烦琐，给科技企业和科技型人才适用政策带来不便。

（2）建立健全政企沟通机制。政府各部门加强与科技企业的沟通交流，为科技型企业提供优质政务服务，改变制度设计中的传统观念，加强服务型政府建设。通过提高审批效率，增强相关科技政策的稳定性与连续性，形成互助互信的政企关系。政府部门开展下沉服务、现场办公，到各企业，通过走访调查、问卷调查、开展听证会、恳谈会等途径深入了解创新主体、创新团队的实际需求和发展愿望，针对性提出解决措施，并对相关的政策进行详细的解读，问计问需、排忧解难，为科学家和企业家在津创新创业搭建广阔舞台。

（3）构建更加完善的科技监督体系，促进科技管理工作健康发展。一方面，强化自我监督。通过完善科技伦理审查和监督机制，加强对政府事前事中事后全链条监管，强化反垄断和反不正当竞争，最大程度杜绝贪污、腐败或者项目没有实效等情况的出现。严格落实行政执法公示制度，落实"双随机、一公开"原则，运用综合监管平台，随机匹配执法检查人员，并将监督检查结果在天津市的行政执法信息公示平台、国家"互联网＋监管"平台进行公示。并在监督检查等执行活动中，贯彻宽严相济、法理相融的包容审慎监管原则，严格落实行政执法减免责任清单制度，依法审慎实施行政处罚。政府发挥模范带头作用，推动诚信政府建设，促进科技领域营商环境健康持续发展，提升科学化管理水平。另一方面，强化社会监督。建议引入第三方监管，着力整合工商、税务、土地、房管、海关、公安等部门掌握的企业信用数据，加强与第三方征信平台的合作，完善社会征信体系，大力推进信用监管，健全"一处违法、处处受限"的关联处罚机制，大幅度提高违信成本。

（4）完善科技领域营商环境的基础设施建设。党的二十大报告提出，加强科技基础能力建设。这是在我国科技创新发展新阶段，立足当前、面向长远的一项重大任务部署。天津应加大投入优化科技产业孵化器建设，促进科技成果转化；优化完善科技创新的设施条件体系：科技设施、各类资源库、数据和期刊等设施，为科技创新活动提供物质基础；加强与发达国家间的国际交流与合作，举办科技交流会等，为科技人才和企业提供良好的交流平台；通过建设基础设施，共享科技资源，保障科学技术资源得到合理有效的利用。探索并完善企业创新金融服务，达到一企一策，精准实现对企业的金融支持；培育企业创新平台和基地，整合集聚优势资源，促进产业链上、中、下游企业合作对接。

（5）健全科技企业纳税优惠政策。相关部门应当按照科技创新活动环节，从创业投资、研究与试验开发、成果转化、重点产业发展、全产业链等方面推出纳税优惠政策。尤其在创新和产品研发阶段帮助科技企业，为企业获得技术创新资金提供制度保障。通过设立科技型中小企业创新基金等为企业提供资金保障，在企业研发遇到困难时为企业提供资金周转，为企业提供免抵押贷款等方便企业融资的途径。通过健全纳税优惠政策、财政补贴等方式，推动普惠性政策"应享尽享"，细化财政补贴制度，重点加大创业初期的补贴力度，帮助企业降低研发成本，提高科技成果转化。

（6）健全科创企业的融资制度，为科创企业提供低门槛的募资渠道。一是大力推动天津市的创新企业在科创板上市，推动"产业科技"的价值发现。加强对拥有核心技术企业的上市辅导，在受理、审核、注册、发行、交易等各个环节为企业提供便利，在资产、投资经验、风险承受能力等方面加强对科创板投资者的管理。二是鼓励企业积极"走出去"，企业可以通过发行科技金融债券、绿色债券等开展尝试，解决融资难题。完善多层次资本市场，促进科技企业全生命周期融资链衔接。持续推动创业板、科创板、区域性股权市场的制度创新，完善股权融资的资本市场体系。促进创业投资发展，鼓励更多社会资本参与，支持引导投资机构聚焦科技企业开展业务。支持科技企业通过债券市场融资，满足科技企业多样化融资需求。

（7）建立健全完善的金融创新体系。政府各个部门应该大力推动科技与金融深度融合，完善科技信贷和科技保险产品服务。一方面，天津市应顺应金融供给侧结构性改革，构建多元化结构的担保机制和担保资金补偿机制，实现担保服务高质量发展。另一方面，要着力健全中小企业全生命周期的融资支持政策，构建银行"敢贷、愿贷、能贷、会贷"的长效机制，不断完善中小企业信用贷款、中长期贷款、抵质押融资的配套机制。另一方面，以服务实体经济和中小微企业为首要，完善金融市场体系、产品体系、机构体系、基础设施体系，推动更多企业上市，大力发展科技金融、普惠金融、绿色金融，推动金融与全产业链深度协同，畅通资本、科技和产业高水平循环，持续优化科技领域营商环境，构建良好创新生态，保持科技创新活力。

（8）构建多层次的科技人才培养体系。人才是科技创新的核心资源，要加强各类高水平科技创新人才的培育和汇聚。教育培养体系方面，鼓励高校构建多层次的科技人才培养体系，开设科技相关课程，以公共选修、专业选修、必修课等方式为更多的学生提供系统学习相关知识的机会。社会实践培养方面，进一步完善产学研相融合，共建金融科技人才培养的生态圈，鼓励在课堂教学以外，为学生提供多元化的企业实习实践机会。构建"项目研发—人才培养—创新孵化"三位一体的科技人才培养机制。优化科技人才服务保障体系，依托"海河英才"行动计划，加快培养引进一批战略科学家、科技领军人才和创新团队，一批青年科技人才、卓越工程师、大国工匠和高技能人才，打造国家级人才平台，不断充实天津市科技发展的人才力量。

（9）发挥科技型企业的引领作用。习近平总书记在党的二十大报告中指出："强化企业科技创新主体地位，发挥科技型骨干企业引领支撑作用，营造有利于科技型中小微企业成长的良好环境，推动创新链产业链资金链人才链深度融合。"发挥科技型骨干企业引领支撑作用，加强重大创新成果产出、行业共性技术研究、高端人才队伍建设等，成为原创技术策源地。培育一批具有发展潜力的专精特新"小巨人"企业和"瞪羚企业"，鼓励科技企业成为专精特新的创新主体，实现创新创富发挥高精尖科技企业的创新引领作用；构建企业主导的产学研深度融合创新体系，支持企业联合高校、科研院所等组建创新联合体，加快科技成果向现实新质生产力转化。

7.2.3 司法环境完善

（1）合理配置司法资源，快速化解商事纠纷。完善诉讼与非诉讼相衔接的多元化纠纷解决机制，运用仲裁、行政复议、调解等多元方式处理矛盾纠纷，降低纠纷解决成本。调解机构、仲裁机构与服务对象三者之间实现业务对接，建立顺畅的工作关系，形成信息共享机制，方便纠纷当事人快速化解纠纷，提高纠纷解决效率。发挥非诉讼机制的分流功能为诉讼减轻负担，具体来说，仲裁庭可以将纠纷案件交由行业协会或第三方调解机构进行调解。仲裁机构也可以根据当事人纠纷解决的需求，提供专门的调解业务，将调解贯穿仲裁的全过程，从而可以优势互补，体现仲裁的权威性与调解的灵活性。

（2）打造知识产权争议首选机构。大力推进知识产权领域交流与合作，着力研究知识产权争议解决制度，为中外当事人提供优质仲裁服务。法院和政府各部门应结合天津市知识产权纠纷的基本情况和市场仲裁需求，选择一定数量具有业务专长或特色优势的仲裁机构，进行重点培育与扶持，推动仲裁机构介入知识产权领域，在办理案件数量增长的基础上提升纠纷解决的效率和水平。为充分发挥仲裁程序快捷性、保密性等优势，应当设立独立的知识产权仲裁机构，处理好知识产权仲裁机构与其他商事仲裁机构、知识产权法院和调解机构的关系。

（3）加强司法人员队伍建设。由于科技领域司法纠纷具有复杂性的特点，应加强对司法人员的培训，将专业化培训进行全覆盖，使其兼具法律和科技知识，对于涉及科技技术秘密的案件应制定相应的保密制度，以提高履职能力。首先，高校应该加强科技复合型法律人才的培养。其次，政府各部门既要大力引进复合型法律人才，又要加强现有司法人员的教育、培训与整顿，培养兼具法律知识和科技知识的复合型人才，应对复杂多变的科技法律纠纷案件。

（4）完善知识产权惩罚性赔偿措施。充分尊重和体现知识产权价值基础上，实现惩罚性赔偿对故意严重侵害知识产权行为的遏制作用。面对知识产权被严重侵犯的现状，政府通过立法、执法、司法和守法等方面加强对知识产权的保护，建立完善的知识产权服务体系，依法平等保护各类市场主体产权，激励科技主体进行科学创造，促进科技成果转化。司法机关应该总结知识产权审判经验，严厉打击知识产权的侵权行为，对侵犯知识产权的行为依法适用惩罚性赔偿，严格执行处罚、赔偿等制度规定。加大惩罚性赔偿责任适用的研究，通过定期发布典型案例给予教育和警示。还应通过暂不预交部分案件受理费、加大合理费用支持力度等方式，降低知识产权人维权成本。

7.2.4 守法环境完善

（1）加强诚信建设，完善信用体系，打响"诚信天津"品牌。党的二十大报告中将社会信用与产权保护、市场准入、公平竞争一起，并列为市场经济基础制度。政府部门应制定并完善科技领域相关工作部门的政务诚信评价指标，加强政务诚信监测评价和公务员诚信教育，为科技型企业提供更好的政务服务。科技型企业行业应该持续开展行业信用评价，构建以信用为基础的新型监管机制，完善公共信用评价机制。相较于我国，英国具备更为成熟的征信体系建设经验，尤其是中小企业征信体系方面，值得我们借鉴学习。可以指定国有商业银行征信机构共享科技型中小企业的基本信息、信贷信息、账户结算信息等，充分发挥信用信息的价值，从而整体提高市场信息共享水平。

（2）加大科技法治宣传力度，营造良好的科技创新文化氛围。开展智慧普法，充分利用线上、线下多种媒体渠道加大科技领域法治化营商环境相关政策的宣传解读力度，确保科技型企业应知尽知。通过微信公众号、官网专栏宣传、视频介绍、条幅介绍等途径对科技领域营商环境的政策进行宣传，精准推送到各类的创新主体。通过设计先进科技工作者奖等奖项，弘扬科学家精神和企业家精神，营造尊重人才的社会环境、激励创新的制度环境、暖心留人的发展环境。利用知识产权日或营商环境条例出台日期，设定科技领域营商环境宣传专门日期。提高科技管理人员、科研人员、执法人员和广大群众的科技意识和法律水平，推动科技创新政策法规落地落实。

（3）建立健全天津科技伦理治理体系，增强科技主体科技伦理意识，保障科技创新健康发展。习近平总书记主持召开中央全面深化改革委员会第二十三次会议时强调："科技伦理是科技活动必须遵守的价值准则，要坚持增进人类福祉、尊重生命权利、公平公正、合理控制风险、保持公开透明的原则，健全多方参与、协同共治的治理体制机制，塑造科技向善的文化理念和保障机制。"天津市政府应加快联合高校、科研机构、企业等创新主体，学会、协会、研究会等科技社团，科研人员和社会公众等不同主体制定科技行业的伦理准则，约束科技主体的科研行为，对违反科技伦理行为的主体进行惩罚和从业限制。例如，通过失信联合惩戒机制采取收取罚金、取消政策补助等措施。广大科研人员应当坚守科技伦理底线，自觉接受科技伦理审查与监管，营造更好的科研环境，促进科技创新、科技伦理与科技安全相统一。

第8章 研究结论

法治是最好的营商环境。科技领域营商环境法治化是推动新质生产力发展的重要途径。天津立足科技型企业的发展需求，坚持一流法治营商环境的建设目标，需要树立营商环境系统建设的优化理念，针对性地开展立法、执法、司法、守法环节的制度完善。通过研究，得出结论如下：

8.1 营商法治环境优化有助于科技创新，发展新质生产力

必须加强科技创新，营造良好的科技领域法治化营商环境。科技领域法治化营商环境是指科技型企业市场运行过程中的法律制度体系。包括科技领域立法环境、司法环境、守法环境和执法环境。营商法治环境可以降低科技型企业的制度成本，推动科技型企业的市场运营和科技创新。

8.2 天津市科技型企业营商法治环境存在不足

立法环境上，缺少可操作性、系统性、民主性、科学性。执法环境上，政务服务体系有待健全，科技基础设施有待建设，政策执行效率有待提升，企业税负有待降低、融资环境有待改善。司法环境上，涉外法律服务有待加强，司法资源分配不尽合理，破产审理程序有待优化，纠纷解决机制有待健全。守法环境上，法治宣传工作有待增进，企业信用体系不够健全，人才培养教育不够合理。为解决科技领域法治化营商环境，就需要从内因外因入手，通过分析国内外先进地区的建设经验，为天津市提供借鉴。

8.3 美国、英国、日本作为典型的科技发达国家，其营商制度体系相对健全

综观典型国家科技领域营商环境的建设，结合天津相关方面的问题和目标，可以得出如下启示。立法环境方面，侧重对科技领域市场主体营商环节进行全面、连续的立法，形成完整的、适应当地科技发展情况的法律制度体系。立法过程上，吸纳座谈、调研、访谈等各种形式的立法沟通形式。在中央立法缺位的情况下，积极利用地方立法权出台地方性法规规章和规范性文件。具体而言，科技局为主体，提请地方人大进行《天津市科技领域营商环境优化办法》《天津市科技型中小企业促进办法》等，进一步完善立法环境。同时，通过文件形式制定科技行政事项清单。司法环境方面，侧重对科技领域纠纷的司法机制完善和多元解决渠道的丰富。通过科技类型案件的管辖、审理、执行等制度的专门设计，促使技术含量高、损益计算难等特点的纠纷迅速化解。天津可以借鉴管辖制度的专门化、技术调查官的引入、调解仲裁的运用等经验，做好天津司法环境维度的优化。行政环境方面，科技领域的行政服务、行政执法、行政监管等制度是各国建设的重点。科技领域行政组织的设置服务于科技发展的目标。美国建立自上而下的科技行政组织机构体系，同时，利用相关社会组织。日本也有自己的科技组织架构，包括科技规划机构和发展决策会议等。天津在既有的行政组织体系上，可以借鉴成立科技领域营商环境优化专家咨询委员会，为科技领域环境提供专家建议。同时，行政服务的信息化、电子化是各国普遍的努力目标。天津市也应优化政务服务电子化信息化智能化的程度，进一步完善相关数据的归集和利用。科技金融、科技税收等领域的政策优惠可以进一步强化。对比国际政策，加大免税减税的力度。科技领域行政执法方面需要进一步简化执法程序，提高执法准度，提升执法效能，强化执法公开。守法环境方面，国外的科技领域守法环境相对完善。科技领域尊重创新、

尊重劳动、尊重权利、诚实守信的总体氛围较好。对此，天津应当借鉴强化普法宣传，完善科技领域信用体系建设，形成依法创新的守法环境。比如说，强化知识产权通识教育和科技创新创业的通识教育，加强科研诚信和科研伦理的监督机制，总体降低科技领域的风险。

8.4 北京、上海、广州是营商环境建设走在前列的省市，建设的个案经验可以为天津提供借鉴

第一，立法环境建设上，上海、北京和广州都在地方营商环境条例修改的同时，针对科技领域出台相关规范性文件和政策。立法形式上主要采用办法、意见等规范性文件形式和地方性法规。立法过程中，采取立法听证和参与的形式。立法主体中，省、市或者区会分别出台各层级的文件，各部门会制定各部门的具体办法。立法形式上，包括科技创新的综合立法和企业、行业、技术为对象的专门立法。立法主体上，包括地方人大、地方政府和地方各部门。天津科技领域营商环境应当对接科技创新的综合立法和规范性文件。立法程序上，依照《中华人民共和国立法法》和《天津市行政规范性文件管理规定》，依照地方行政规范性文件制定的具体办法，完善企业、行业、技术为对象的专门规范性文件体系。

第二，执法环境建设上，科技类行政服务、行政执法等的质量提升是三地的建设重点。三地都实施行政事项清单化，推动行政服务电子化、快捷化。科技类审批做到一次办、尽快办。科技类执法做到透明、公正、有效。天津面临同样的任务。可以进一步明确行政事项的清单，优化政府服务平台设计，做好双随机一抽查执法、一次性执法、精准执法。比较特别的是，上海、北京对涉外营商环境的重视。因为三地属于创新排名靠前城市，对涉外创新人才需求较高，涉外营商行为活跃，所以涉外营商环境建设力度较强。天津作为社会主义现代化大都市，在科技涉外营商环境方面需要做好制度建设。

第三，司法环境方面，司法程序的完善和纠纷解决机制的完善是主要方面。广州强调巡回审判和涉外法律服务的完善。上海强调诉讼服务平台建设和费用缴纳的便利。北京强调繁简分流。这些做法都值得天津参照。天津需要完善在线诉讼的制度建设，提高在线诉讼的利用率，完善科技类纠纷处理的司法经验，提高知识产权侵权案件的惩罚力度，做好科技型企业的诉讼应对经验的辅导工作。

第四，守法环境方面，三地都重视科技领域营商环境监督在内的建设监督，通过行业监督、协会建设、商会监督、媒体监督、聘用专员监督、专家监督等第三方监督等形式构建监督体系。同时，完善普法宣传机制，将营商环境的专门宣传纳入到普法责任制，争取做到应知尽知，应享尽享。天津科技领域营商环境建设有必要重视普法宣传工作，进一步加大宣传力度、强度、广度、深度，从宣传主体、宣传渠道、宣传方式等维度借鉴三地的成功做法，提升科技型企业的守法意识，促使营商环境建设在科技领域的法治化。

8.5 天津需要系统优化营商法治环境，实现一流环境建设目标

针对问题，需要采取系统完善优化的建设思路。立法环境方面，增强科技营商系统立法理念，形成完备的科技营商立法环境制度。执法环境方面，增强科技营商行政部门内外协同，提高政务服务水平，确保行政执法合法，加强对执法行为的监管。司法环境方面，增强科技营商纠纷司法化解能力，完善诉讼和非诉多元化纠纷解决机制，完善仲裁调解机制，加强知识产权保护。守法环境方面，增强科技营商普法效能，改善信用监管制度，完善守法环境。

参 考 文 献

［1］常健. 国家治理现代化与法治化营商环境建设［J］. 上海交通大学学报（哲学社会科学版），2021，29（6）：22-30.

［2］涂永珍，赵长玲. 我国民营经济法治化营商环境的优化路径［J］. 学习论坛，2022，38（3）：131-136.

［3］谢红星. 法治化营商环境的证成、评价与进路：从理论逻辑到制度展开［J］. 学习与实践，2019（11）：36-46.

［4］周其仁. 体制成本与中国经济［J］. 经济学（季刊），2017，16（3）：859-876.

［5］韦政伟，高亚林，杨川. 营商环境对企业创新的影响：基于门槛模型的研究［J］. 广西师范大学学报，2022（4）：20.

［6］李玉，何得桂. 协同治理视野下法治化营商环境营造路径的优化［J］. 行政科学论坛，2021，8（6）：44-48.

［7］白牧蓉，陈子轩. 中国语境下的法治化营商环境评估体系［J］. 西北师大学报（社会科学版），2023，60（2）：127-137.

［8］刘启川. 权责清单优化营商环境的法治建构［J］. 江苏社会科学，2021（6）：129-137.

［9］宋国涛. 免罚清单的属性定位、制度功能及规制路径［J］. 学习论坛，2023，39（2）：130-136.

［10］周娟美，盛蕾，崔粉芳. 涉企政策制定视域下的政企沟通体系建设：面向科技型中小企业［J］. 中北大学学报（社会科学版）2023，39（2）：19-26.

［11］付本超. 多元争议解决机制对营商环境法治化的保障［J］. 政法论丛，2022（2）：142-151.

［12］彭艺璇.习近平关于法治化营商环境重要论述的核心意涵和实践进路［J］.中南民族大学学报（人文社会科学版），2024，44（4）：1-9.

［13］宋华琳.行政程序的简化与营商环境的法治保障［J］.理论探索，2024（1）：5-12.

［14］高泓.营造法治化营商环境：内涵与路径［J］.人民论坛·学术前沿，2023（23）：108-111.

［15］郭海蓝.论营商法治环境评价的理路与指标体系［J］.财经理论与实践，2023，44（6）：154-161.

［16］梁平，马大壮.法治化营商环境的司法评估及其实践进路［J］.法学杂志，2023，44（6）：76-89.

［17］朱昕昱.法治化营商环境的司法现状、问题与优化对策：基于"执行合同"第三方评估结果展开［J］.法学论坛，2023，38（5）：64-74.

［18］王雨亭.法治化营商环境的宪法保障［J］.法律科学（西北政法大学学报），2023，41（5）：150-161.

［19］石贤平，刘旭东.中国式营商法治环境评价体系构建［J］.学习与探索，2023（7）：55-62.

［20］邱成梁.营商环境法治化的立法供给研究［J］.人民论坛，2023，（4）：74-76.

［21］李建伟.习近平法治思想中的营商环境法治观［J］.法学论坛，2022，37（3）：21-32.

［22］袁莉.营商环境法治化构建框架与实施路径研究［J］.学习与探索，2022（5）：80-86.

［23］李南枢，宋宗宇.产业绿色转型中营商环境法治化的争议与路径［J］.中国人口·资源与环境，2022，32（3）：118-125.

［24］李富成.论中国法治化营商环境的优化取向［J］.上海交通大学学报（哲

学社会科学版），2021，29（6）：40-47.

［25］许中缘，范沁宁.法治化营商环境的区域特征、差距缘由与优化对策［J］.武汉大学学报（哲学社会科学版），2021，74（4）：149-160.

［26］袁达松.我国法治营商环境的包容性治理：兼论世界银行评估指标的普适性与差异性［J］.人民论坛，2021（15）：78-81.

［27］冯辉，靳岩岩.完善以规则为基础的国际化法治化便利化营商环境：以建立"一带一路"国际投资仲裁机制为例［J］.中国特色社会主义研究，2021，12（2）：19-27.

［28］石佑启，陈可翔.合作治理语境下的法治化营商环境建设［J］.法学研究，2021，43（2）：174-192.

［29］郭富青.营商环境市场化法治化的中国思路［J］.学术论坛，2021，44（1）：1-12.

［30］翁列恩，齐胤植，李浩.我国法治化营商环境建设的问题与优化路径［J］.中共天津市委党校学报，2021，23（1）：72-78.

［31］曹阳，黎远松.优化营商环境与我国增值税征管法治化［J］.社会科学家，2020（8）：116-121.

［32］石佑启，陈可翔.法治化营商环境建设的司法进路［J］.中外法学，2020，32（3）：697-719.

［33］彭向刚，马冉.政企关系视域下的营商环境法治化［J］.行政论坛，2020，27（2）：91-98.

［34］冯烨.法治化营商环境评估指标体系构建［J］.理论探索，2020（2）：120-128.

［35］郑继汤.习近平关于构建法治化营商环境重要论述的逻辑理路［J］.中共福建省委党校学报，2019（6）：25-30.

［36］李克强.以实施《优化营商环境条例》为契机 加快打造市场化法治化

国际化营商环境[J].中国注册会计师,2019(12):5-6.

[37] 郑方辉,王正,魏红征.营商法治环境指数:评价体系与广东实证[J].广东社会科学,2019(5):214-223,256.

[38] 刘俊海.营商环境法治化的关键[J].中国流通经济,2019,33(8):3-10.

[39] 赵海怡.中国地方营商法治环境的优化方向及评价标准[J].山东大学学报(哲学社会科学版),2019(3):108-114.

[40] 谢红星.营商法治环境评价的中国思路与体系:基于法治化视角[J].湖北社会科学,2019(3):138-147.

[41] 韩业斌.我国法治化营商环境的区域差异及其影响因素[J].领导科学,2019(8):118-120.

[42] 顾艳辉,朱淑珍,赵袁军.交易成本视角下的法治化营商环境分析:一个动态博弈的解释[J].技术经济与管理研究,2019(3):3-8.

[43] 袁莉.新时代营商环境法治化建设研究:现状评估与优化路径[J].学习与探索,2018(11):81-86.

[44] 杨进,张攀.地区法治环境与企业绩效:基于中国营商环境调查数据的实证研究[J].山西财经大学学报,2018,40(9):1-17.

[45] 董彪,李仁玉.我国法治化国际化营商环境建设研究:基于《营商环境报告》的分析[J].商业经济研究,2016(13):141-143.

[46] 谢红星.营商法治环境的地方评估及其优化[M].北京:中国民主法制出版社:2021.

[47] 张善斌,陈晓星,刘兆君.营商环境背景下破产制度的完善[M].武汉:武汉大学出版社:2020.

[48] 赵海怡.中国地方营商法治环境实证研究[M].北京:中国民主法制出版社:2020.

[49]《习近平法治思想概论》编写组.习近平法治思想概论[M].北京:高

等教育出版社，2021.

［50］鹿琳，潘宇豪.生态科技岛打造"营商环境最优园区"［N］.新华日报，2022-01-10（A04）.

［51］华凌.北京：贴心服务科技创新主体　优化知识产权营商环境［N］.科技日报，2021-10-22（2）.

［52］国务院办公厅关于复制推广营商环境创新试点改革举措的通知［EB/OL］.2022-11-14.

［53］国务院办公厅印发《关于进一步优化营商环境降低市场主体制度性交易成本的意见》［EB/OL］.2022-09-15.

［54］国务院印发关于开展营商环境创新试点工作的意见［EB/OL］.2021-11-25.

［55］国务院办公厅关于印发全国深化"放管服"改革优化营商环境电视电话会议重点任务分工方案的通知［EB/OL］.2022-10-27.

［56］国务院办公厅印发《关于进一步优化营商环境更好服务市场主体的实施意见》［EB/OL］.2020-07-15.

［57］国务院.优化营商环境条例［EB/OL］.2019-10-23.

［58］国务院办公厅关于聚焦企业关切进一步推动优化营商环境政策落实的通知［EB/OL］.2018-10-29.

［59］国务院办公厅关于部分地方优化营商环境典型做法的通报［EB/OL］.2018-08-03.

［60］国务院办公厅关于进一步压缩企业开办时间的意见［EB/OL］.2018-05-17.

［61］国务院关于推进国内贸易流通现代化建设法治化营商环境的意见［EB/OL］.2015-08-28.

［62］中共中央关于全面深化改革若干重大问题的决定［R/OL］.2013-11-18.

附录A 调研报告

天津市科技型企业法治化营商环境的现状、问题及对策——基于科技型企业的问卷调研

1.问题提出

法治化是营商环境优化的重要维度。良好的法治化营商环境可以促进企业的发展。科技型企业的发展有赖于营商环境法治化。近几年,天津市科技领域不断出台鼓励创新的法律法规以及规范性文件,不断提升行政服务和执法的质量,完善司法制度,增强守法氛围。科技型企业数量不断增长,创新型经济不断发展。但是,对比其他省市的科技领域营商环境优化进程,依据天津创新经济发展的目标,科技领域营商环境法治化进程需要进一步深入。为此,根据法治环境的构成和评价方式,通过问卷调研和访谈结合的混合型方法,尝试对天津科技领域法治化营商环境的现实进行调研,发现问题,提出对策。

2.调查方法

为了调查天津市科技型企业关于法治化营商环境的优化的需求,设计访谈问卷进行调研,受访企业共计46家[1],分布在天津市各个区主要的产业技术领域。

本次调研的企业涉及各类科技型企业。包括中小型科技企业20家,瞪羚企业1家,科技小巨人5家,专精特新企业4家,其他类型16家(附图A.1)。

---

[1] 由于回收的问卷部分问题没有回答,所以后面的统计数据总数可能不等于46。

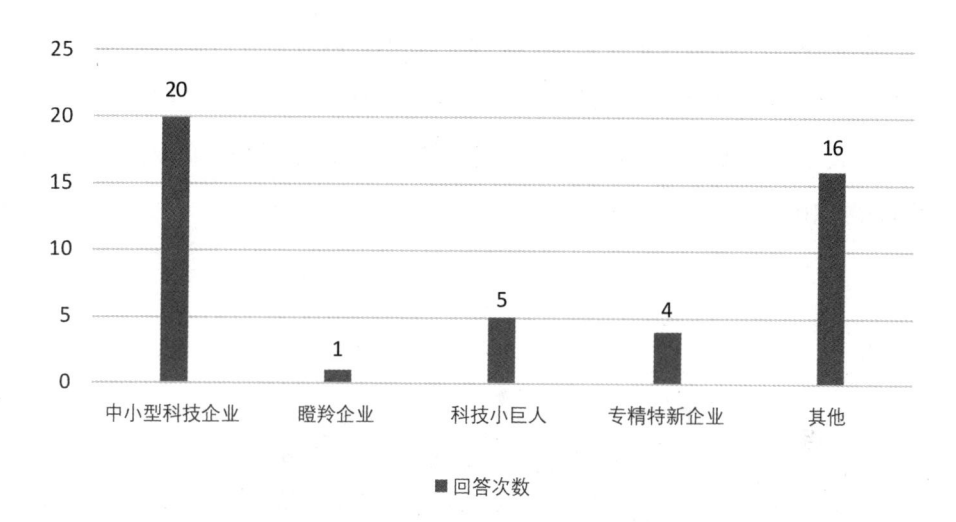

附图 A.1 "贵企业属于哪种类型企业"调查结果

从地理分布来看，受访企业分布在天津市各个区。其中，滨海新区约占 51%。西青区约占 12%。其他区约占 37%(附图 A.2)。

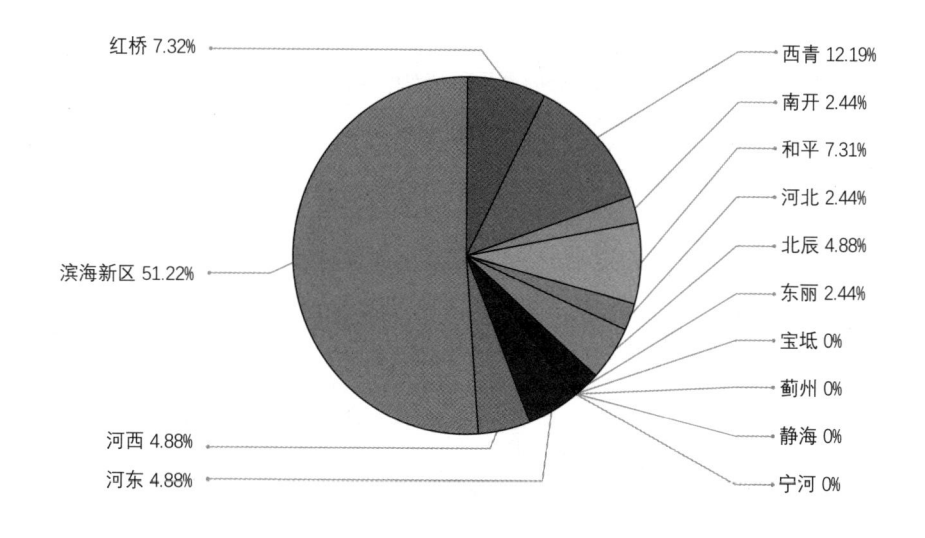

附图 A.2 "贵企业位于天津市哪个区"调查结果

119

企业性质包含国有企业、私营企业。其中，国有企业占27%，私营企业占17%。企业产业领域主要分布在制造业、信息软件业和科技服务业（附图A.3）。技术领域主要包括信息技术、能源技术（附图A.4）。企业的成立时间大部分是10年以上（附图A.5）。

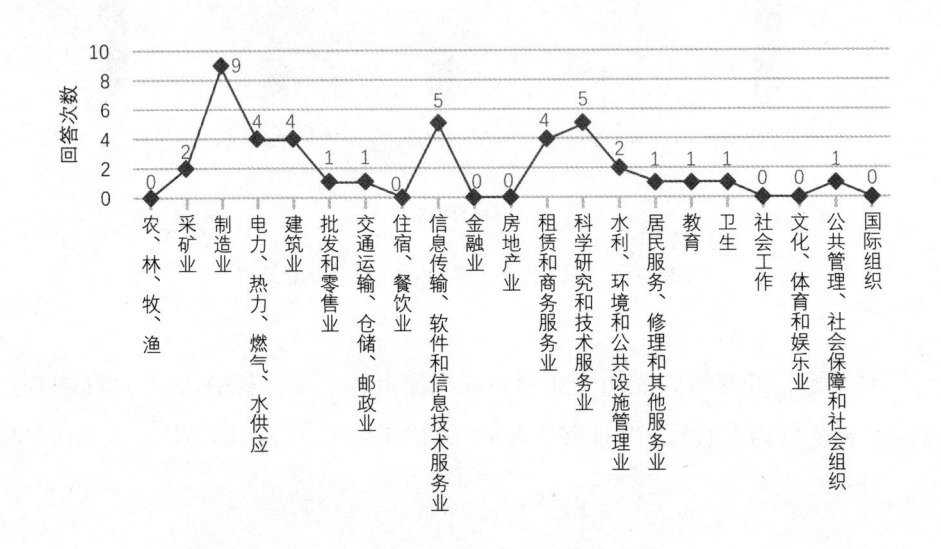

附图A.3 "贵企业属于哪种产业领域"调查结果

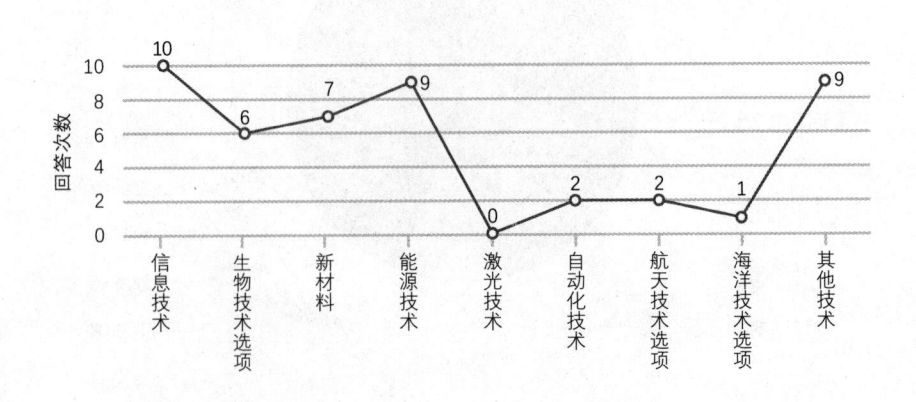

附图A.4 "贵企业属于哪种技术领域"调查结果

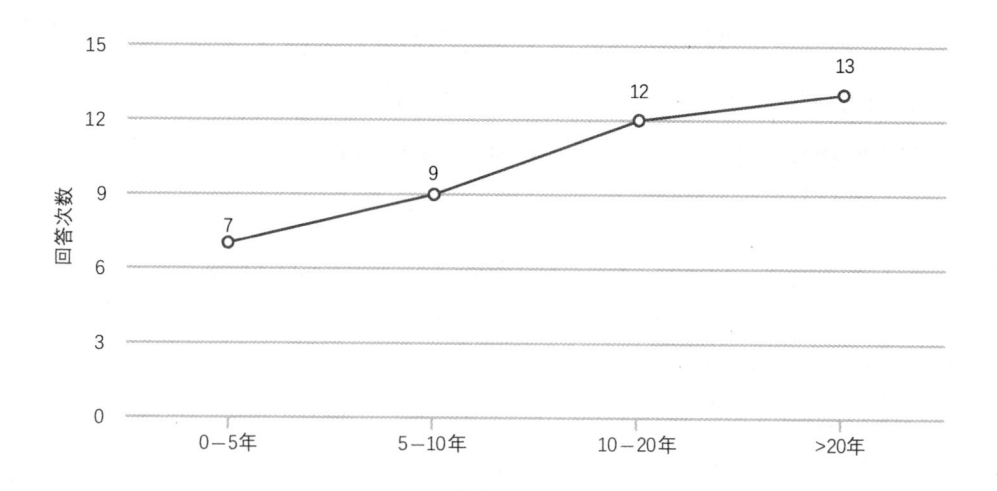

附图 A.5 "贵企业成立时间有多长"调查结果

3. 关于天津市科技领域营商法治环境的分析和讨论

3.1 立法环境分析

立法环境是营商环境的重要部分。问卷针对立法参与、法律制度的实施提出问题。立法参与度是衡量营商环境立法民主的重要指标。调查显示，29位受访者表示没有参与过立法调研或者听证，12位受访者参与过（附图A.6）。这表明科技领域立法的参与还不足，覆盖面过小。

企业本身对政策的满意度主观评价是衡量立法环境的指标之一。调查显示，大部分企业认为天津的立法环境比较完善。但是部分企业表示，还不够完善。在调研访谈中，部分企业表示，相比较于上海、广州，天津的立法环境需要提升（附图A.7）。

营商制度的完备性和科学性本身是立法环境评价的指标之一。因此，问卷就企业设立制度、不动产登记制度等主要制度的便利性进行调研。企业设立手续制度实施上，11家企业表示手续非常便利，22家企业认为比较便利，还有部分企业表示一般便利或烦琐不便（附图A.8）。

不动产登记是科技型企业的业务之一。登记制度是《营商环境优化条例》的规定调整对象。天津企业不动产登记制度实施过程中，21家企业认为不动产登记比较便利，7家企业认为非常便利（附图A.9）。

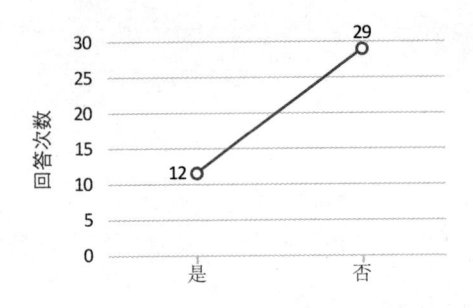

附图A.6 "您的企业是否参与过科技型企业营商环境相关的天津市法律法规政策的制定"调查结果

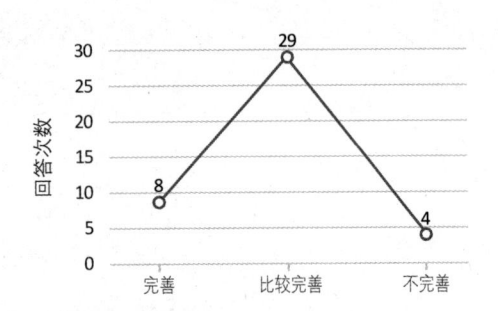

附图A.7 "您认为天津市支持科技型企业发展的法律法规政策是否完善"调查结果

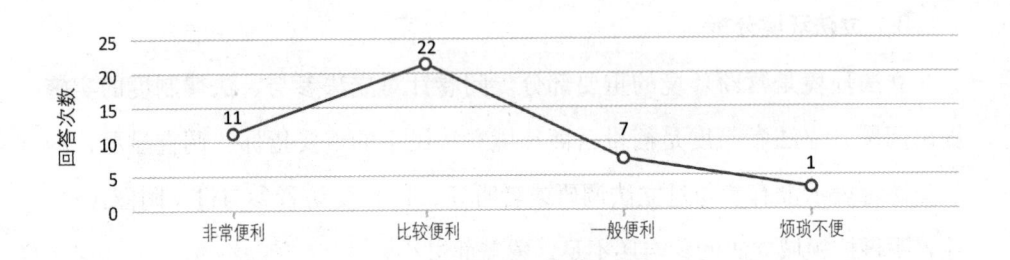

附图A.8 "您觉得设立企业的手续是否便利"调查结果

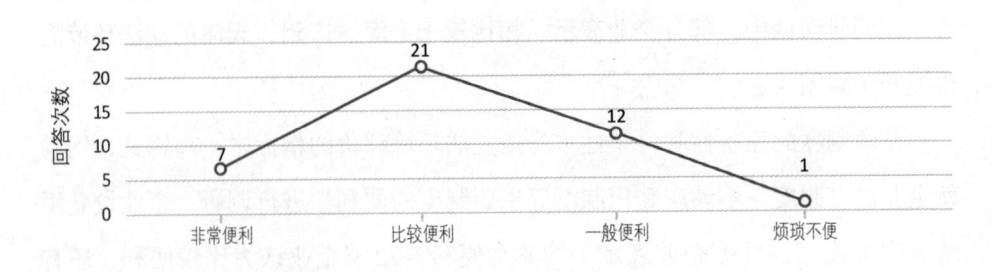

附图A.9 "您觉得企业不动产登记的手续是否便利"调查结果

许可证的办理是企业承担的交易成本之一。调查显示，36家企业认为许可证的办理非常便利，5家企业则认为比较烦琐（附图A.10）。

政府采购公平是营商环境的要求。科技型企业在政府采购中的地位成为考察营商环境的标准之一。调查显示，企业普遍认为，天津市企业政府采购获得公平对待（附图A.11）。但是，访谈显示，部分企业认为政府采购中的企业垫资容易造成企业经营困难。所以部分企业主张不参与政府采购。

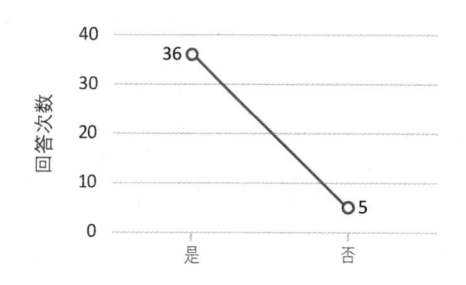

附图A.10 "您觉得企业办理各种许可证的审批是否便利"调查结果

附图A.11 "您觉得自己企业在参与政府采购时是否得到公平对待"调查结果

科技型企业的融资制度完善与否是营商环境的重要评价标准。调研显示，32家企业表示融资手续便捷。但是，部分企业在访谈中表示，融资需要根据企业自身经营特点来进行。所以，多类型的融资方式还需要创新（附图A.12）。

企业科技人才聘用制度是解决科技型企业研发人才困境的重要制度。人才聘用的难易程度是天津科技营商环境的重要衡量标准。其中，调研显示，有13家企业表示人才聘用有困难（附图A.13）。这说明企业人才需求还不能完全得到满足。访谈中，企业表示，不同行业、不同技术领域的人才聘用情况不一。有些技术领域的人才侧重操作技能，并非研究开发，因此，需要专门的人才政策。

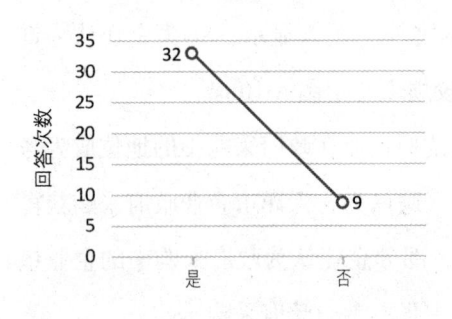

附图 A.12 "您的企业获取融资是否便捷"调查结果

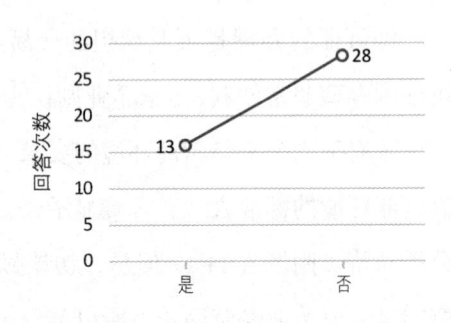

附图 A.13 "您觉得企业科技人才聘用方面是否存在困难"调查结果

水、电、气接入等手续办理是科技型企业经营的必要过程。接入手续的办理便捷是企业经营成本的一部分。调研显示，14家企业认为手续办理非常便利，20家企业表示手续办理比较便利，6家企业表示一般便利（附图 A.14）。从访谈来看，多数企业表示近几年的手续办理的确很快，通电、通水、通气都非常容易。

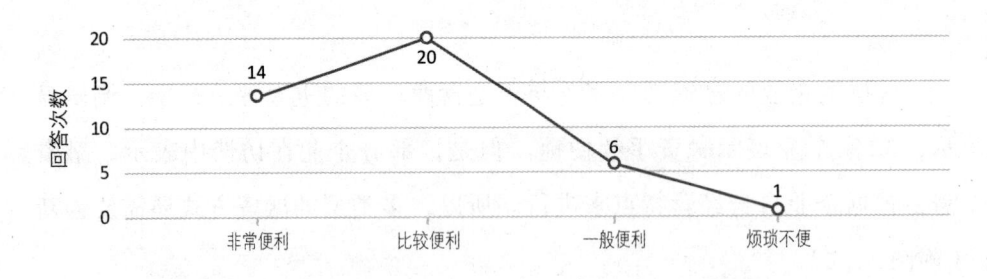

附图 A.14 "您觉得企业申办水电气接入的手续是否便利"调查结果

企业技术合同的登记和认定是科技型企业落实技术优惠政策的前提。登记认定的便利性是营商环境好坏的重要指标。38家企业都认为技术合同登记和认定非常便利（附图 A.15）。但是，部分企业访谈表示，还不能理解技术合同的认定和登记。可能是因为没有涉及技术合同的认定。

行政性收费是科技型企业面临的制度成本。其高低程度影响企业对天津营商环境建设的评价。调查显示，30家企业认为企业的行政性收费并不高（附图A.16）。

行政服务是政府构建营商环境的主要方式。良好的行政服务制度可以节省制度性成本。调查显示，12家企业经常使用一网通平台，24家企业偶尔使用政务服务平台，但是也有企业并不知道这个平台（附图A.17）。同时，访谈显示，有些企业依然觉得以前的主管部门的网页容易使用。新的、集成以后的平台使用起来，需要不断寻找，不太习惯。这说明，政务服务还需要进一步优化。

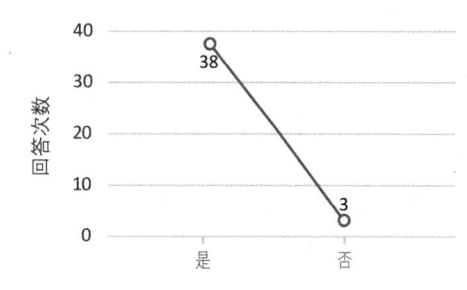

附图A.15 "您觉得企业技术方面的合同的登记和审批是否便利"调查结果

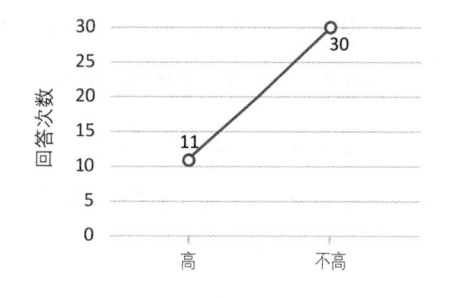

附图A.16 "您觉得行政性收费是否过高"调查结果

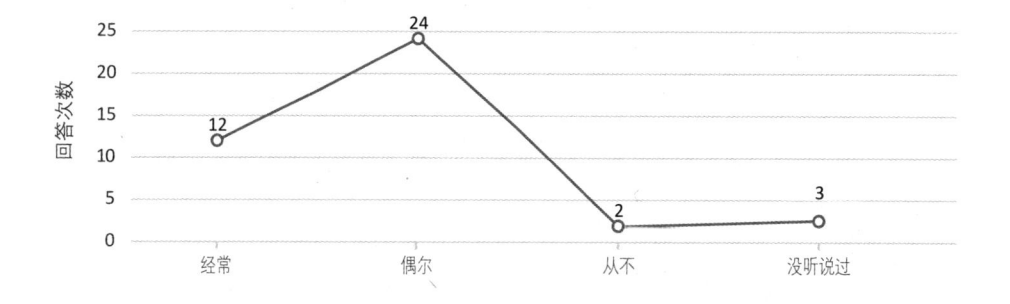

附图A.17 "您是否经常使用一网通平台的政务服务（包括市政务服务中心网站）"调查结果

行政信息公开是科技型企业降低成本，监督行政行为的基本要求。调查显示，有35家企业对行政信息公开表示满意，6家企业表示不满意（附图A.18）。说明，行政信息公开比较令人满意，但是还需要细化。

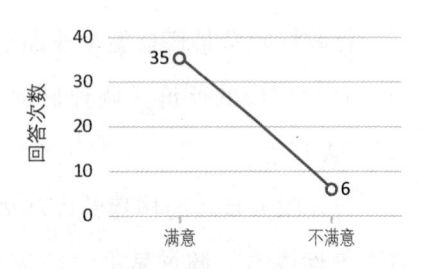

附图A.18 "您对天津市科技型企业相关的行政信息公开是否满意"调查结果

科技型企业获取研发基金的资助是企业创新的主要扶持政策之一。便利的资助申请和审批环节有助于研发加速。调查显示，18家企业认为资助手续非常便利，15家企业认为资助手续比较便利，还有部分企业认为不便利（附图A.19）。根据访谈显示，企业普遍认为研发基金的申请是方便的，但是审批时间比较长。

税收优惠是科技创新的财税政策。调查显示，27家企业享有过优惠，14家企业没有享受过优惠（附图A.20）。同时，部分访谈显示，希望能有更多的税收优惠政策。并且，有些优惠政策和企业经营状况有关系。如果企业经营不善，优惠政策没有意义。

企业对法律法规政策的了解程度关系到营商环境的建设成效。调查显示，7家企业认为自己非常熟悉，22家企业认为自己比较熟悉，12家企业认为自己不熟悉（附图A.21）。

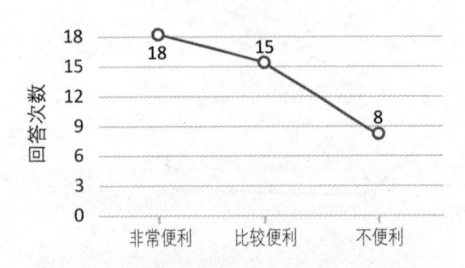

附图A.19 "您觉得企业申请各类政府资助的基金是否便利"调查结果

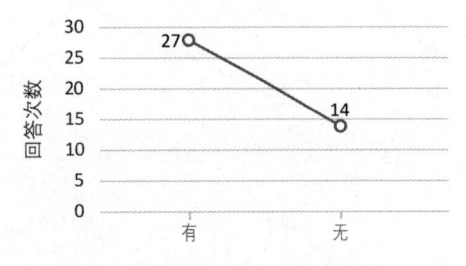

附图A.20 "您的企业是否享有过科技型企业方面的税收优惠政策"调查结果

企业涉外业务支持是营商环境的重要部分。调查显示，10家企业表示得到过政府支持，8家企业表示自己有涉外业务，但是没有得到过政府支持（附图A.22）。

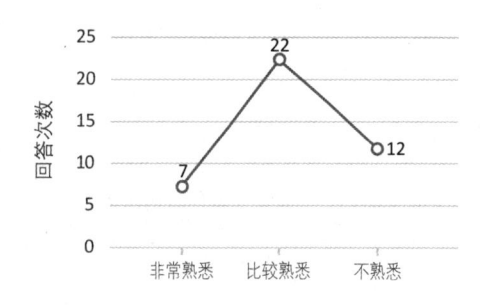

附图A.21 "您认为自己对科技型企业法律法规政策的了解属于哪一类"调查结果

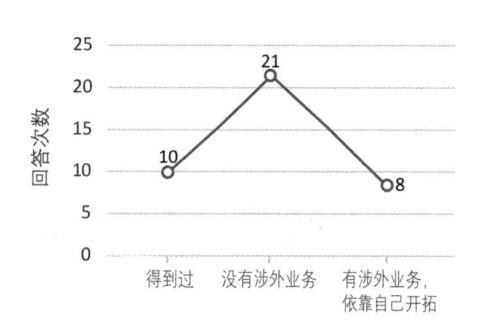

附图A.22 "您的企业涉外业务展开是否得到过政府的支持"调查结果

3.2 执法环境分析

行政执法是主要的行政行为，是营商环境建设的调整对象。调查显示，科技型企业关于行政执法的评价非常好，不存在不规范执法、"一刀切"执法、随意执法等现象。但是，部分调研显示，执法有时候过于频繁，分散执法现象还比较普遍，有些执法内容不考虑企业的具体经营特点（附图A.23—附图A.26）。

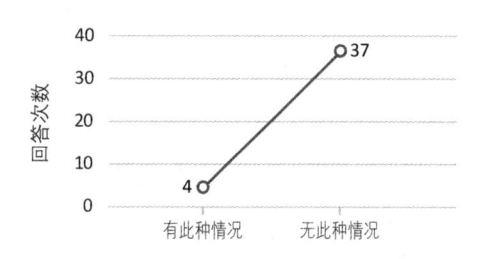

附图A.23 "在涉及企业的行政执法案件中，您觉得是否存在着执法不规范，有案不立，压案不查，办人情案、关系案等问题"调查结果

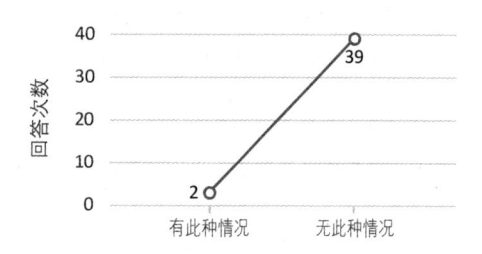

附图A.24 "在涉及企业的行政执法案件中，您觉得是否存在自由裁量权过大，处罚或执法的随意性强的问题"调查结果

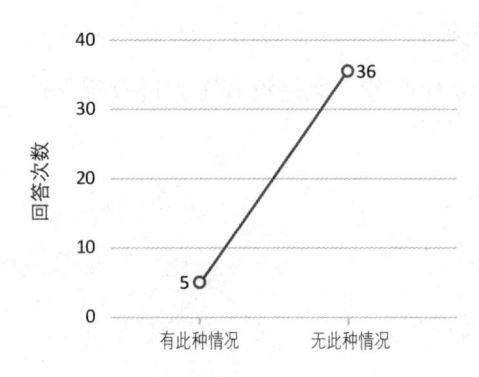

附图 A.25 "涉及企业的行政执法中，您觉得是否存在执法检查过多、过频等不合理执法的问题"调查结果

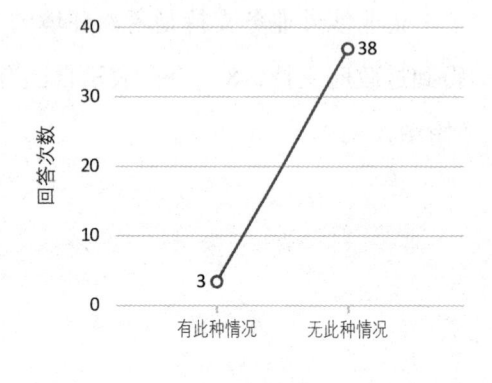

附图 A.26 "涉及企业的行政执法案件中，您觉得是否存在'一刀切'的执法问题"调查结果

困难期间政府帮扶是企业营商环境的组成部分。调查显示，12家企业表示接受过政府的帮扶，29家企业表示没有（附图A.27）。这说明企业帮扶政策还需要考虑覆盖范围的问题。

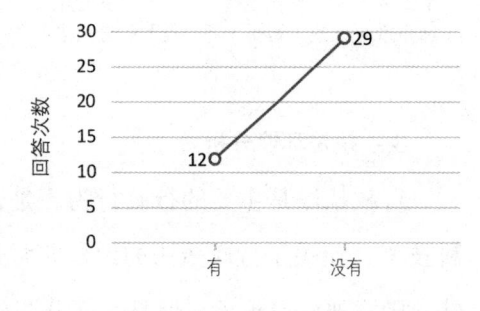

附图 A.27 "疫情防控期间，您的企业得到过政府的哪些帮扶"调查结果

3.3 司法环境分析

企业纠纷解决机制是营商环境的重要构成部分。企业纠纷类型、解决方式选择反映企业对纠纷解决的实际处置。调研显示，科技型企业主要发生合同类、侵权类、劳动合同类纠纷。解决方式上，主要是协商，其次是诉讼，调解和仲裁较少。诉讼参与上，18家企业参与过诉讼，23家企业没有参加过诉讼。程序评价上，30家企业认为诉讼便捷，11家企业认为诉讼不便捷。立案程序上，34家企业认为简易，7家企业认为复杂。多数企业没有发生涉外纠纷，多数企业没有接受过公益性法律服务（附图A.28—附图A.35）。

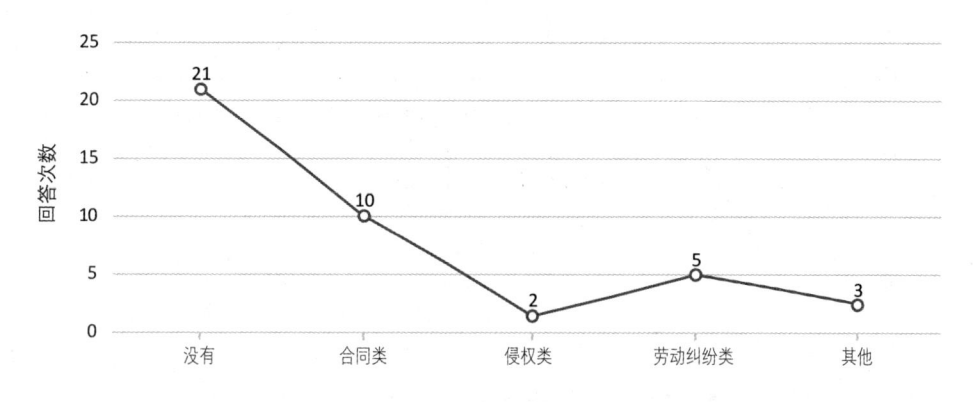

附图 A.28 "您的企业发生过哪些类型的纠纷"调查结果

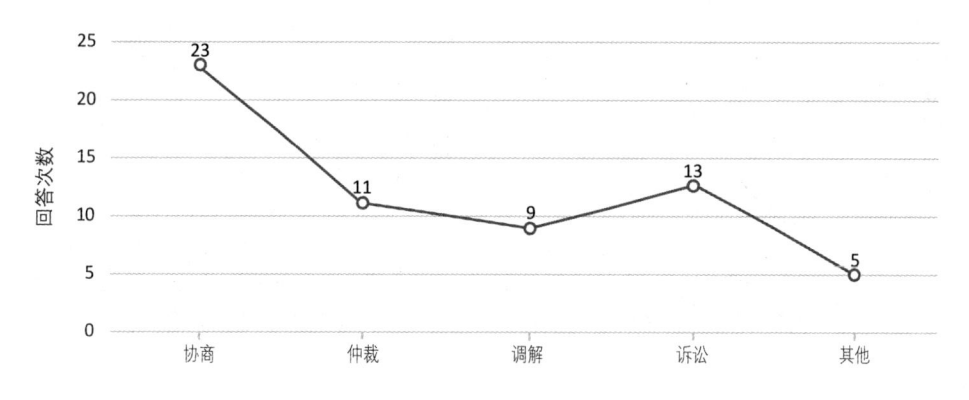

附图 A.29 "您的企业的纠纷一般通过哪些方式解决"调查结果

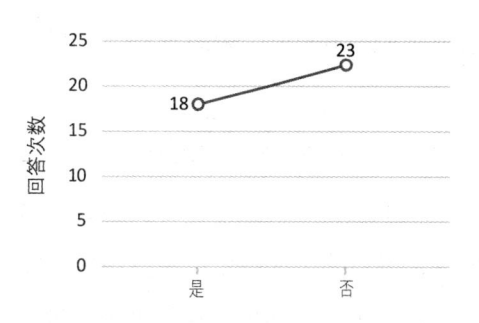

附图 A.30 "您的企业是否参加过诉讼"调查结果

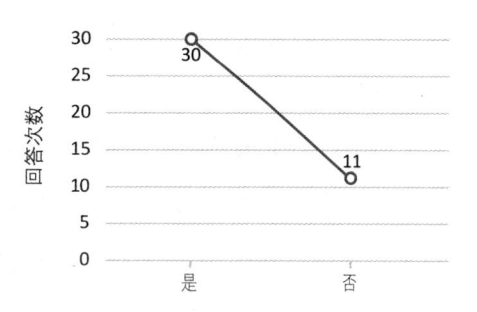

附图 A.31 "您觉得企业在参加诉讼的时候程序是否便捷"调查结果

129

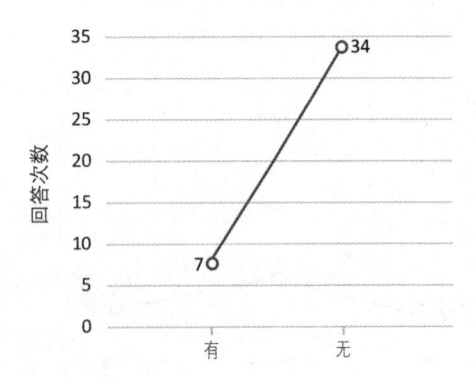

附图 A.32 "您的企业是否发生过知识产权相关的法律纠纷"调查结果

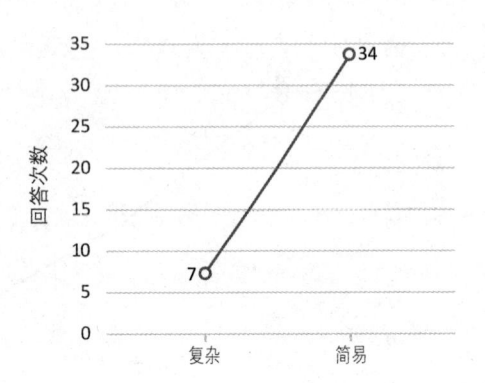

附图 A.33 "您觉得天津市的知识产权立案程序复杂吗"调查结果

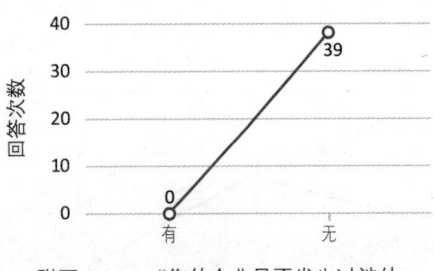

附图 A.34 "您的企业是否发生过涉外法律诉讼"调查结果

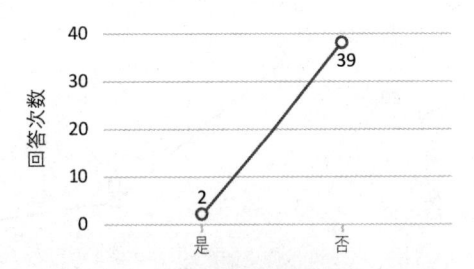

附图 A.35 "您的企业是否接受过公益性的法律服务"调查结果

3.4 守法环境分析

营商环境法律政策的认知是守法环境的评价标准。调查显示，20家企业知道《天津市优化营商环境条例》，21家企业表示不知道（附图A.36）。可见，该条例认知度不高。

协会行会组织是企业营商环境的组成部分。行会参与和利用反映企业营商环境的优劣。调查显示，11家企业参加行业协会，31家企业没有参与过（附图A.37）。行业协会评价来看，22家企业认为参与协会有积极作用，19家企业则认为没有（附图A.38）。访谈显示，行业协会主要发挥提供交流平台、集体进行招聘等功能，每年收取会费，用于组织活动。

普法宣传活动的普及率是守法环境建设的重要内容。调查显示，13家企业参加过普法宣传活动，29家企业则没有（附图A.39）。说明，营商环境的普法宣传需要加大力度。

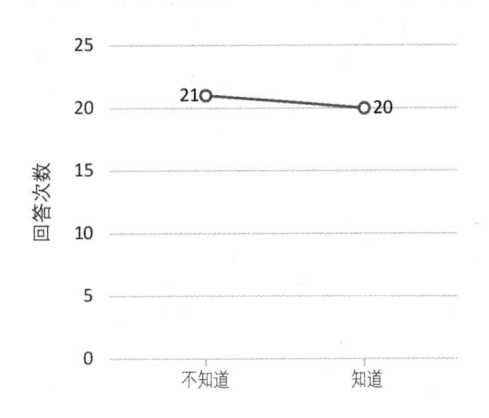

附图A.36 "您是否知道《天津市优化营商环境条例》"调查结果

附图A.37 "您的企业是否参加过行业协会之类的组织"调查结果

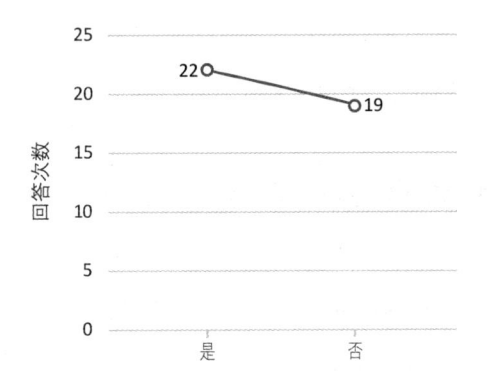

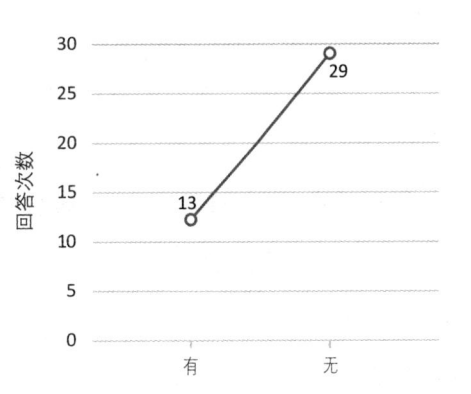

附图A.38 "您觉得行业协会是否有助于企业发展"调查结果

附图A.39 "您的企业有没有参加过普法宣传活动"调查结果

131

科技型企业作为市场主体，对自身发展因素往往有切身体会。调查显示，部分企业认为政策完善是首要因素，部分企业认为政策落实的影响居第二位，人才引进力度居第三位，知识产权保护和行政服务优化居第四位，融资问题居于第五位（附图A.40）。说明，这些维度的营商环境制度还需要完善。

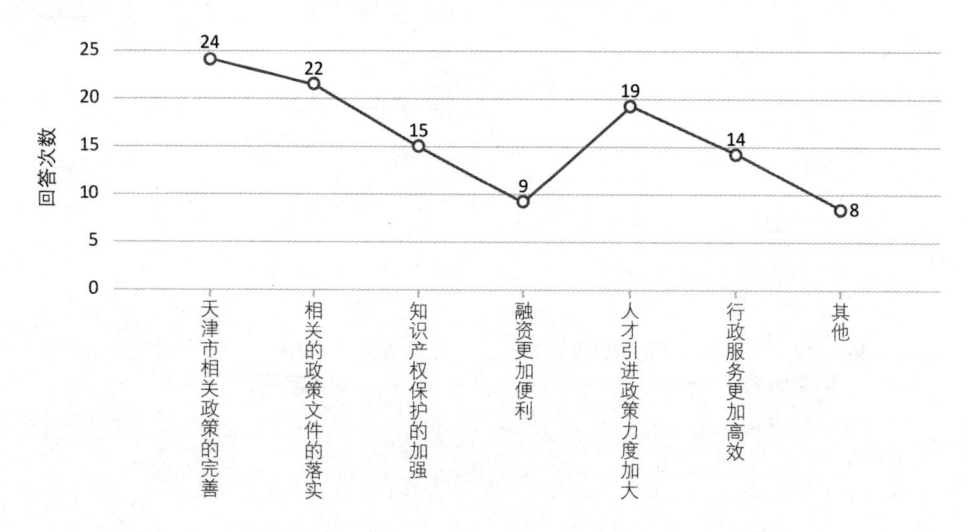

附图A.40 "您觉得促进天津市科技型企业发展的因素主要有哪些"调查结果

4. 关于天津市科技领域营商环境法治环境优化的对策分析

4.1 立法环境优化

第一，提高立法系统性。从科技型企业营商需求入手，立足科技型企业营商环境的一般特点和独有需求，从立法、司法、行政、守法等主要维度开展综合立法和专门立法，以营商法治环境优化为目标，协同科技局、财政局、人大等各方立法主体，梳理既有法律法规和政策，拟定年度立法规划，草拟规范性文件草案。主要包括科技型企业法治营商环境的综合性规范性文件和专门性规范性文件。综合性规范性文件，如《天津市科技领域法治化营商环境优化办法》。专门性规范性文件，如《天津市科技型企业认定办法》《天津市科技型企业技术合同认定办法》《天津市科技型企业人才政策实施办法》等。在此基础上，依据科技产业、行业的特点，由主管部门出台细则。比如，《天津市信息技术产业领域科技型企业人才政策》。

第二，提高立法参与度。扩大科技型企业立法参与的广度、深度。从立法参与范围方面，凡是涉及科技型企业的规范性文件出台均需要一定比例的企业代表、行业协会参与听证或者调研、座谈。从立法参与方式方面，采取主动邀请参与和上门咨询、线上收集意见等方式获得意见。从立法参与保障方面，规范性文件出台必须附上立法调研的相关证明材料。从立法参与环节方面，做好立法前调研、立法后调研工作。从立法参与广度上，要保证利益相关主体都能参与立法工作。

4.2 司法环境优化

第一，提高司法制度效能。针对科技型企业的纠纷类型，实施科技型企业涉诉纠纷的快速处理，提高立案、审理、执行的效率。针对技术含量高的科技法律纠纷，实施技术调查员制度。

第二，完善纠纷解决机制。提高仲裁和调解的利用率，通过行业协会等开展调解工作。加强诉讼和调解的衔接。

4.3 行政环境优化

第一，优化行政服务。优化一网通的建设和推广。为科技型企业设置专门板块，实施绿色通道，适应科技型企业的发展特点。

第二，优化行政执法。针对不同产业的科技型企业进行针对性的执法措施。通过日常执法数据进行在线执法检查，减少不必要的执法，严格执行联合执法。环保执法措施应当适应科技型企业生产经营对环境的影响特点。

第三，优化行政公开。进一步提高行政公开的透明度。送达并且告知行政相对人行政行为的依据和含义。涉及行政措施的，需要一次性讲明措施要求。

第四，优化行政审批。对科技型企业的资质认定和资金申请采取简化程序，全面实施承诺审批制度。对符合条件的科技型企业，一律采取免审即享的政策。缩短行政审批事项的时限，达到国内最短。

4.4 守法环境优化

第一，精准宣传营商环境政策。通过行业协会等主体对科技型企业进行全覆盖的营商环境法规政策宣讲。对新设立的企业应当首次宣讲。新出的政策文件要在限定时间内通过宣讲和推送等方式传达到企业。要不定期地对企业进行宣讲。宣讲主体可以利用高等院校、法律服务志愿者等力量进行。宣讲不得收取企业费用，不得影响企业正常生产经营。

第二，强化科技型企业信用体系建设。以科技型企业信用体系建设为突破口，将企业市场行为数据信息和营商环境全面关联，通过信用信息的收集和管理，优化营商环境。

附录B　调研问卷

本问卷系天津市科技型企业营商法治环境评论调研问卷。请您抽取宝贵的时间填写问卷。

1. 贵企业属于哪种类型企业？【多选题】

   A．中小型科技企业　　B．瞪羚企业　　C．科技小巨人

   D．专精特新企业　　　E．其他

2. 贵企业属于哪种类型的企业？【单选题】

   A．国有企业　　　　　B．个体工商户　　C．私营企业

   D．外商独资企业　　　E．外商合资企业　F．集体企业

3. 贵公司位于天津市哪个区？【单选题】

   A．红桥　　　　　　　B．西青　　　　　C．南开

   D．和平　　　　　　　E．河北　　　　　F．北辰

   G．东丽　　　　　　　H．宝坻　　　　　I．蓟州

   J．静海　　　　　　　K．宁河　　　　　L．河东

   M．河西　　　　　　　N．滨海新区

4. 贵企业属于哪种产业领域？【单选题】

   A．农、林、牧、渔　　　　　B．采矿业　　　　C．制造业

   D．电力热力燃气水供应　　　E．建筑业　　　　F．批发和零售业

   G．交通运输、仓储、邮政业　　　　　　　　　H．住宿、餐饮业

   I．信息传输、软件和信息技术服务业　　　　　J．金融业

135

K. 房地产业　　　　　　　　　L. 租赁和商务服务业

M. 科学研究和技术服务业　　　N. 水利、环境和公共设施管理业

O. 居民服务、修理和其他服务业　P. 教育

Q. 卫生　　　　　　　　　　　R. 社会工作

S. 文化、体育和娱乐业　　　　T. 公共管理、社会保障和社会组织

U. 国际组织

5. 贵企业属于哪种技术领域？【单选题】

　　A. 信息技术　　　　B. 生物技术　　　　C. 新材料

　　D. 能源技术　　　　E. 激光技术　　　　F. 自动化技术

　　G. 航天技术　　　　H. 海洋技术　　　　I. 其他技术

6. 贵企业成立时间有多长？【单选题】

　　A. 0—5年　　　　　　　　B. 5—10年

　　C. 10—20年　　　　　　　D. 大于20年

7. 您觉得设立企业的手续是否便利？【单选题】

　　A. 非常便利　　　　　　　B. 较为便利

　　C. 一般便利　　　　　　　D. 烦琐不便

8. 您觉得企业不动产登记的手续是否便利？【单选题】

　　A. 非常便利　　　　　　　B. 比较便利

　　C. 一般便利　　　　　　　D. 烦琐不便

9. 您觉得企业办理各种许可证的审批是否便利？【单选题】

　　A. 是　　　　　　　　　　B. 否

10. 您觉得自己企业在参与政府采购时候是否得到公平对待?【单选题】

A．是　　　　　　　　B．否

11. 您的企业获取融资是否便捷?【单选题】

A．是　　　　　　　　B．否

12. 您觉得企业科技人才聘用方面是否存在困难?(如有，请简述情况)【单选题】

A．是　　　　　　　　B．否

13. 您觉得企业申办水电气接入的手续是否便利?【单选题】

A．非常便利　　　　　B．比较便利

C．一般便利　　　　　D．烦琐不便

14. 您觉得企业技术方面的合同登记和审批是否便捷?【单选题】

A．是　　　　　　　　B．否

15. 您觉得行政性收费是否过高?【单选题】

A．高　　　　　　　　B．不高

16. 您是否经常使用一网通服务的政务服务?【单选题】

A．经常　　　　　　　B．偶尔

C．从不　　　　　　　D．不知道

17. 您对天津市科技型企业相关的行政信息公开是否满意?【单选题】

A．满意　　　　　　　B．不满意

18. 您的企业是否享有过相关的科技型企业方面的税收优惠政策?【单选题】

A．有　　　　　　　　B．无

19. 您的企业在融资方面遇到哪些困难?【单选题】

A. 有 B. 无

20. 您的企业是否发生过知识产权相关的法律纠纷?(如果有,请简单说明案情)【单选题】

A. 有 B. 无

21. 您是否参加过法律诉讼?【单选题】

A. 是 B. 否

22. 您觉得企业在参加法院诉讼的时候程序是否便捷?【单选题】

A. 是 B. 否

23. 您觉得天津市的知识产权立案程序复杂吗?【单选题】

A. 复杂 B. 简易

24. 您的企业是否接受过公益法律服务?【单选题】

A. 是 B. 否

25. 您的企业是否参与过企业相关的天津市政策法律的制定?【单选题】

A. 是 B. 否

26. 您的企业是否接受过政府执法?【单选题】

A. 是 B. 否

27. 您的企业是否发生过民事纠纷?【单选题】

A. 是 B. 否

28. 您的企业发生纠纷一般通过哪些方式解决？【多选题】

　　A．协商　　　　　　　　B．仲裁　　　　　　　　C．调解

　　D．诉讼　　　　　　　　E．其他

29. 您的企业是否参加过行业协会之类的组织？（如果有，请说明协会名称）
　　【单选题】

　　A．有　　　　　　　　　B．无

30. 您觉得行业协会是否有助于企业发展？【单选题】

　　A．是　　　　　　　　　B．否

31. 您的企业有没有参加过普法宣传活动？(如果有，请说明活动次数等信息）
　　【单选题】

　　A．有　　　　　　　　　B．无

32. 在涉企案件中，是否存在着执法不规范，有案不立，压案不查，办人情
　　案、关系案等问题。【单选题】

　　A．较严重　　　　　　　B．无此种情况

　　C．有此种情况　　　　　D．具体事例简述：_____

33. 在涉及企业的行政执法案件中，您觉得是否存在自由裁量权过大，处罚或
　　执法的随意性强的问题?(如有，请简单说明)【单选题】

　　A．较严重

　　B．有此种情况_____

　　C．无此种情况

34. 在涉及企业的行政执法案件中，您觉得是否存在"一刀切"的执法问题？(如有，请简单说明)【单选题】

   A．较严重

   B．有此种情况＿＿＿

   C．无此种情况

35. 行政执法涉企案件中，您觉得是否存在不能针对性地执法，从而影响企业经营的情况？(如有，请简单说明)【单选题】

   A．较严重

   B．有此种情况＿＿＿

   C．无此种情况

36. 涉及企业的行政执法中，您觉得是否存在执法检查过多、过频等不合理执法的问题？(如有，请简述情况)【单选题】

   A．有此种情况＿＿＿＿　　　B．无此种情况

37. 在涉及企业的案件中，您觉得是否存在案件审理时间过长，诉讼服务不够便捷高效，"绿色通道"作用发挥不充分的问题？(如有，请简述情形)【单选题】

   A．有此种情况＿＿＿＿　　　B．无此种情况

38. 在企业接受的中介服务中，您觉得是否存在"红顶中介"垄断经营，违规收费的问题？(如有，请简述情形)【单选题】

   A．无此种情况

   B．有此种情况＿＿＿

   C．没有接受过中介服务

39. 在企业经营过程中，您是否遇到过行政机关、事业单位、行业协会、商业银行等单位违规向企业收费的问题？（如有，请简述情况）【单选题】

   A．有此种情况_____   B．无此种情况

40. 在企业经营过程中，您是否遇到过利用垄断协议，滥用市场支配地位和用行政权力排除、限制竞争行为的情形？（如有，请简述情况）【单选题】

   A．有此种情况_____   B．无此种情况

41. 您觉得天津市科技型企业的发展遇到的主要困难有哪些？（如有具体问题，请简述）【多选题】

   A．天津市相关政策不完善____   B．相关的政策文件落实不到位____
   C．知识产权保护不到位____   D．融资制度不完善____
   E．人才政策不完善____   F．行政服务不到位____
   G．其他____

42. 您认为我市科技领域相关的法治化营商环境建设还存在什么问题？你有哪些完善建议？【简答题】

   _____

附录 C 访谈记录

访谈对象：天津市某法院某法官

访谈时间：2023 年 4 月 20 日

1. 科技型企业涉诉纠纷的案件多吗？一年大概多少？这些纠纷的主要类型有哪些？

答：（1）2020 年 1 月至今审理（被告和原告带科技的公司）全部的民事案件 356 件，单独知识产权的案件为 282 件。

（2）案由：不正当竞争，技术服务合同，侵害发明专利、商业秘密、企业名称、商标、外观设计、作品发行、商业诋毁、特许竞争、虚假宣传、专利代理。

2. 科技型企业知识产权侵权案件的立案、审理、执行有什么困难？

答：（1）主要是管辖问题：级别管辖和地域管辖。

（2）比如侵权行为的定性困难；商标和不正当竞争区分；《反不正当》关于诚信问题兜底条款的适用；著作权具体权项的区分；认定技术服务案件双方委托服务事项有没有符合约定，是否实现合同目的怎么认定；关于商业秘密怎么认定。

3. 作为当事人的科技型企业对诉讼效果的评价如何？良好还是一般？

答：整体良好。

4. 作为当事人的科技型企业是否经常愿意调解？

答：愿意调解的意向有，但是不高。疫情、研发成本等原因。

5. 知识产权侵权惩罚性赔偿制度的适用有哪些问题？

答：（1）认定主观"恶意"的问题。

（2）赔偿制度的基数如何确定的问题。

6. 线上诉讼机制的使用率高不高？线上诉讼有哪些问题？

答：（1）新冠肺炎疫情防控期间使用率比较高，新冠肺炎疫情结束后降下来了。

（2）诉讼效果比较差。法条的网络传输总是出问题，法庭氛围不严肃。

7. 法院是否会走访科技型企业，作普法工作？

答：法院确有普法的职能，会几个部门联合普法，参与相关展会。但是专门普法工作的不多。会进行突发的普法讲座。

8. 知识产权民事、刑事、行政诉讼三审合一目前进展如何？有什么问题？

答：目前取得相关的有进展。

存在问题：行政和刑事力量不足，目前只有一个专门的刑事法官，审判力量有待进一步充实。另外，行政业务水平需要进一步提高。

9. 科技型企业法律诉讼的繁简分流机制有什么问题？科技型企业对案件分流的评价如何？

答：没有明确标准。根据具体案情决定是否适用繁简分流机制。

10. 新技术、新业态的法律纠纷审理有什么困难？法院如何解决这些新型纠纷？

答：（1）法律存在一定的滞后性，需要解释法律来调整新出现的社会现象。

（2）法院需要进一步学习和了解，要在当事人背后利益取得平衡，既促进利益维护又规制违法行为，推动科技企业有序健康发展。

11. 科技型企业纠纷有没有涉外纠纷？涉外纠纷中，科技型企业遇到的困难是什么？

答：有较少涉外纠纷。

12. 作为法官，您对优化天津科技型企业营商司法环境有什么建议？您认为，如何能够进一步帮助科技型企业高效便捷地解决法律纠纷？

答：（1）科技企业自身要加大创新意识，同时规范自己的经营行为，增强自己的法律意识。

（2）取得的科研成果要及时申请权利。

（3）涉及的关于科技的合同条款要慎重，做到细致审查，明确好双方当事人的权利义务。

（4）要重视法务部的培养，定期组织普法培训。

（5）科技企业作为当事人积极应诉，积极举证质证，积极参与诉讼。

（6）优化多元纠纷解决机制，例如，可以委托科技局参与调解等。